欧阳明八　欧阳东◎编著

两千五百多年前，孔夫子在教学和生活中的点点滴滴，由学生（包括再传弟子）片段地记录下来，后经汇集编纂成书，被称为《论语》，是中国传统文化宝藏中最眩目的一颗明珠。孔子的思想至今潜移默化地影响着我们每一个中国人的生活。

五洲传播出版社

图书在版编目（CIP）数据

论语新解/欧阳明八　欧阳东编著.——北京：五洲传播出版社，2009.8

ISBN 978-7-5085-640-0

Ⅰ.论… Ⅱ.欧… Ⅲ.①儒家 ②论语—研究 Ⅳ.B222.25

中国版本图书馆CIP数据核字（2009）第171978号

论语新解

编　　著	欧阳明八　欧阳东
责任编辑	徐醒生
装帧设计	华审视觉设计
出版发行	五洲传播出版社
地　　址	北京海淀区莲花池东路北小马厂6号
邮　　编	100038
电　　话	86—10—58880007
印　　刷	北京画中画印刷有限公司
开　　本	787×1092（毫米）1/16
印　　张	18.5
版　　次	2009年8月第一版　　印次：2011年12月第2次印刷
印　　数	1—1000
定　　价	48.00元

序

两千五百多年前，孔夫子在教学和生活中的点点滴滴，由学生（包括再传弟子）片段地记录下来，后经汇集编纂成书，被称为《论语》。

《论语》是中国传统文化宝藏中最眩目的一颗明珠。孔子的谈话态度缓和、内容广泛、因循诱导，极少迷信色彩，“子不语怪、力、乱、神。”（7.21），“敬鬼神而远之。”（6.22），语言深邃，文字明晰。目前社会流行的许多格言、谚语不少就出自《论语》。孔子的思想至今仍潜移默化地影响着每一个中国人的生活。当然受历史条件限制，不能苛求两千五百年前古人的话能够做到句句准确，都能符合时代要求。“要全面认识祖国传统文化，取其精华，去其糟粕，使之与当代社会相适应、与现代文明相协调，保持民族性，体现时代性。”

孔丘，字仲尼，春秋末期鲁国鄹（zōu）邑（今山东曲阜人）。孔子曾在鲁国当过大夫（司寇），故学生尊称他为孔夫子。他生于公元前551年，卒于公元前479年。孔子是我国古代伟大的教育家、思想家，是我国儒家学说的创始人。孔丘出生于一个走下坡路的贵族家庭，孔丘祖先原是宋国大贵族，后因宋国内乱迁居鲁国。父亲叔梁纥（hé）曾做过地方小官（鄹邑大夫）。孔丘三岁丧父，家境进一步衰落，所以在青少年时代曾做过自认为"卑贱"的事情，"吾少也贱，故多能鄙事。"（9.6）在他三十岁左右开始兴学，三千弟子，出色的有七十二个。《论语》中涉及到的学生就有三十位，在本书重排译文第二章"师生情谊"中将这三十位列表集中介绍。

孔子在五十岁时，被鲁定公任命为中都宰（地方官），第三年升为司空（相当于工程建筑部长），第四年又当了大司寇（相当于司法部长），并曾代行鲁相职务，不久即被革职。去职后带领弟子到卫、陈、宋、蔡、楚等国周游，展转十余年。六十八岁时回到鲁国，继续教学生涯，着手删订诗、书、礼、乐，解释周易，著述《春秋》。《春秋》记述的是古时“天子之事”，是孔子最重要的著作，《孟子·滕文公下》第九章引用孔子自己的话说：“知我者，其惟《春秋》乎！罪我者，其惟《春秋》乎！”直到七十二岁去世。

《论语》由于是弟子们分别记录下教学生活中的点点滴滴，所以难免缺乏系统性，前前后后有多处重复。为了弥补这一遗憾，我们把《论语》重新编排，将《论语》原文二十章512条，重排为十章506条。原（1.3）（17.17）均为“巧言令色，鲜矣仁。”合并重排为[9.9]一条。原（8.14）条“不在其位，不谋其政。”并入（14.26）条，重排为[8.41]条；原（10.21）条“入太庙，每事问。”并入（3.15）条，重排为[3.8]条；原（9.18）（15.13）两条均为“吾未见好德如好色者也。”并重排为[9.52]条；原（4.20）

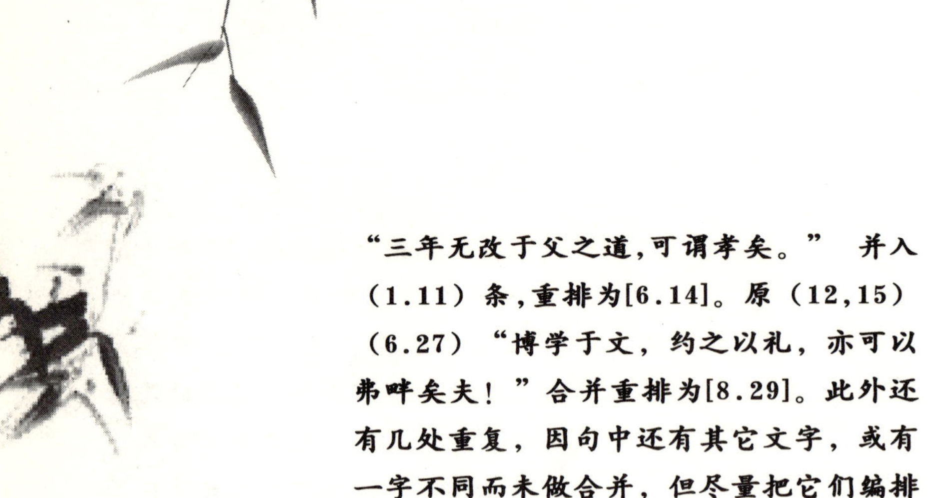

“三年无改于父之道,可谓孝矣。” 并入（1.11）条,重排为[6.14]。原（12,15）（6.27）“博学于文，约之以礼，亦可以弗畔矣夫！”合并重排为[8.29]。此外还有几处重复，因句中还有其它文字，或有一字不同而未做合并，但尽量把它们编排在前后相邻位置上。

欧阳明八

目录

一

【坎坷人生、周游列国】

[1.1]（9.6）

太宰问于子贡曰：“夫子圣者与？何其多能也？”子贡曰：“固天纵之将圣，又多能也。”

子闻之，曰：“太宰知我乎？吾少也贱，故多能鄙事。君子多乎哉？不多也。”

【注释】

太宰：官名，具体指谁不清。

子贡：孔子学生。

夫子：古时当过大夫的人可称夫子，孔子曾当过司寇，故称为夫子。孔子是老师，所以后来学生称老师亦可称为夫子，以后对男人的尊称亦可为夫子。

与：古文中‘与’字有多种意义，这里是句末语气词，表示疑问或感叹。

固：本来。司马迁《报任安书》‘人固有一死’。

贱：地位卑贱、家庭穷困。孔子三岁时丧父，家境不好。

【译文】

太宰问子贡：“孔老先生是圣人吧？怎么这样多才多艺呀？”子贡说：“本来天老爷是让他成圣人，才使他多才多艺。”

孔子听说后，说：“太宰了解我吗？我小时候家里贫穷，所以学会了许多鄙贱的技艺。真正的君子哪会有这么多技艺呀？不会的。”

[1.2]（9.7）

牢曰：“子云：‘吾不试，故艺。’”

【注释】

牢：孔子学生。孔子的学生以后不再注释，请查第二章孔子学生名录。

不试：不被用，不被任用。孔子在三十岁左右就开始兴办私学，弟子三千，优秀的有七十二个，在五十岁时，被鲁定公任命为中都宰，第四年又当了大司寇（相当于当今司法部长），但不久被季氏辞退。下台后，他继续兴学，并带着学生到卫、陈、宋、蔡、楚等国周游。

【译文】

孔子学生子开说："孔子说过：'我没有被国家任用，所以学得许多技艺。'"

[1.3]（18.3）

齐景公待孔子，曰："若季氏，则吾不能；以季、孟之间待之。"曰："吾老矣。不能用也。"孔子行。

【注释】

齐景公：齐国国君，名杵臼（chǔ jiù）。

若：如，像。

季、孟：季孙氏、孟孙氏。鲁国实权掌握在他们手中，其中季孙氏实力最强。详见[10.65]注释。

【译文】

齐景公在谈到对待孔子的打算时，说："如像鲁国国君对待季氏那样来对待孔子，我是做不到的，我会用介于季氏和孟氏之间的待遇来对待孔子。"并说："我老了，不能用他了。"于是孔子就离开了齐国。

[1.4]（18.4）

齐人归女乐，季桓子受之，三日不朝。孔子行。

【注释】

归（kuì）：通‘馈’。赠送。

女乐：歌姬舞女。

季桓子：季孙氏，鲁国的宰相，季孙氏当时把持着鲁国的政权。

【译文】

齐国给鲁国送来歌姬舞女，季桓子接受了，连续数日不理朝政。孔子于是离开鲁国走了。

[1.5]（15.1）

卫灵公问陈于孔子。孔子对曰："俎豆之事，则尝闻之矣；军旅之事，未之学也。"明日遂行。

【注释】

卫灵公：卫国国君。

陈（zhèn）：古时同‘阵’，交战时的战斗队列。

对曰：回答。在古代汉语中，‘对曰’多用于下对上的回答或对话。

俎豆：俎（zǔ）：祭祀时盛牛羊等祭品的礼器。 豆：古代一种形似高脚盘的器皿，用于盛食物，亦可用于祭祀礼器。孔子年幼时，就经常陈列俎、豆来做模仿祭祀、学习礼节的游戏。

【译文】

卫灵公向孔子询问军队布阵的问题。孔子回答说："俎豆这样的祭祀礼仪，我还是听说过；但对军队布阵的事情，我从来没有学过。”第二天，孔子就离开了卫国。

[1.6]（6.28）

子见南子，子路不说。夫子矢之曰：“予所否者，天厌之！天厌之！”

【注释】

南子：卫灵公的夫人，她把持朝政，行为不当。

说：通‘悦’，高兴。

矢：发誓。

否：恶、邪恶。这里指不当举动。

厌：厌恶。

【译文】

孔子去见南子，子路不高兴。孔子对天发誓说：“我没有干什么不正当的事，如果干了，让天厌恶我吧！天厌恶我吧！”

[1.7]（14.39）

子击磬于卫。有荷蒉而过孔氏之门者，曰：“有心哉，击磬乎！”既而曰：“鄙哉，硁硁乎！莫己知也，斯己而已矣！深则厉，浅则揭。’”

‘子曰：‘果哉！末之难矣！”

【注释】

磬（qìng）：古代一种玉（石）打击乐器。

蒉（kuì）：盛土的竹筐。

硁（kēng）：击石的声音。硁硁：浅陋固执的样子。

深则厉，浅则揭：引自《诗经 · 邶风 · 匏有苦叶》：'匏有苦叶，济有深涉，深则厉，浅则揭。'大意是：'葫芦成熟叶子枯黄了，济河渡口河水暴涨。如果水深腰间系几个葫芦过河，如果水浅就提着衣过河。'

莫己知：即莫知己。没有人了解自己。

斯己而已：那么自己应了解自己吧。

果：坚决，果断。

末：树梢、末了，暗指未来。

【译文】

有一天，孔子在卫国击磬。此时，正好有一个挑着竹筐的人路过孔子住处门口，这人开始说话了，说："有心思吧，这样击磬！"接着又说："见识鄙俗，从磬声中就听得出来，还相当执着顽固！是不是认为没有人了解自己，没有人了解自己，就独善其身罢了。这好比过河，水深你就系几个葫芦过河，水浅你就趟水过去。"

孔子说："这里的人真坚决啊！看来难以说服他们。"

[1.8]（3.24）

仪封人请见，曰："君子之至于斯也，吾未尝不得见也。"从者见之。出，曰："二三子何患于丧乎？天下之无道也久矣，天将以夫子为木铎。"

【注释】

仪封人：卫国"仪"这个地方的边防长官。封人：边防长官。

未尝：未曾。与后面否定词，构成双重否定，这样口气更委婉。

从者：指与孔子随行的几位弟子。

丧：指未得重用后的丧气。

木铎（duó）：以木为舌的大铃。古代重要集会时，召集人所用。

【译文】

卫国仪这个地方的边防长官，想见见孔子，说："贤人君子既然来到此地，我何尝不见见呢？"孔子弟子先见了边防长官，边防长官出来说："你们几个人为什么要这么垂头丧气啊？天下无道的日子已经很长了，上天终将会把你们老师作为传播正道的圣人。"

[1.9]（9.5）

子畏于匡。曰："文王既没，文不在兹乎？天之将丧斯文也，后死者不得与于斯文也。天之未丧斯文也。匡人其如予何？"

【注释】

子畏于匡：孔子在匡这个地方被人拘押。孔子一行在从卫国去陈国的路上，于匡（今河南长恒一带）这个地方，当地百姓错把孔子为阳虎而把孔子拘禁起来。因匡这个地方的人曾遭受鲁国人阳虎的暴掠，而孔子又酷似阳虎。畏：惊恐。

丧：丧失，失掉。

后死者：孔子自称。

与：参与。引申为知道、了解、掌握。

【译文】

在匡地，孔子被当地人拘禁起来，受到惊吓。孔子说："文王死了后，古代的文化不都在我这里吗？上天如果要灭绝这些文化，那么我也就不会掌握这些文化了。上天假如不是要灭绝这些文化，匡人又能把我怎么着呢？"

[1.10]（11.23）

子畏于匡，颜渊后。子曰：“吾以女为死矣。”曰：“子在，回何敢死？”

【注释】

女（ru）：你，你们。即汝。

【译文】

孔子在匡这个地方被拘禁，受到惊吓，颜渊最后才来。孔子说：“我以为你死了呢。”颜渊说：“您还活着，我颜回怎么敢死呢？”

[1.11]（15.2）

在陈绝粮，从者病，莫能兴。子路愠见曰：“君子亦有穷乎？”子曰：“君子固穷，小人穷斯滥矣。”

【注释】

愠（yùn）：怨恨、生气。

固：坚持、坚定。

滥：无节制，胡作非为。

【译文】

孔子一行在陈国断绝了粮食，跟随的弟子都饿病了，不能起来。子路怨气很大的来见孔子说：“君子也有贫穷的时候吗？”孔子说：“君子在贫困时能够坚守情操，小人贫困了就会胡作非为了。”

[1.12]（5.22）

子在陈，曰：“归与！归与！吾党之小子狂简，斐然成章，不知所以裁之？”

【注释】

与：古时写作“欤”，句末语气词

党：古代的一种居民组织，五百家为一党。吾党即我家乡。

狂简：气高才疏。

裁：裁决，控制。

【译文】

孔子在陈国说：“回去吧！回去吧！我家乡这些弟子，个个志高才疏，文采不凡，回去后我还不知道如何去指教他们呢？”

[1.13]（7.23）

子曰：“天生德于予，桓魋（tuí）其如予何？”

【注释】

予：第一人称。我，我的。

桓魋（tuí）：宋国的司马向魋（tuí），宋桓公的后代，故称桓魋（tuí）。孔子离开卫国去曹国经过宋国时，桓魋（tuí）想加害于孔子，孔子于是说了这番话。

【译文】

孔子说：“上天把这些品德赋予了我，你桓魋（tuí）又能把

我怎么样呢！”

[1.14]（18.5）

楚狂接舆歌而过孔子曰：“凤兮！凤兮！何德之衰？往者不可谏，来者犹可追。已而，已而！今之从政者殆而！”

孔子下，欲与之言。趋而辟之，不得与之言。

【注释】

接舆：楚国贤人。人称他为疯子，实则是装疯逃避现实。

凤：凤凰。古时人们传说世道清明，凤凰就会出现，反之隐去。这里将凤凰喻孔子。

辟：逃避。

【译文】

楚国狂人接舆在路过孔子的车时，唱起歌来。他唱道：“凤鸟呀，凤鸟呀！你的德行为什么这么衰弱？已经过去的就不再说，未来的还是可以赶得上，算了吧！算了吧！如今从政的人多么危险啊！”

孔子即刻下车，想和他交谈，但他赶紧避开了，最终也没有与他谈上话。

[1.15]（18.6）

长沮、桀溺耦而耕。孔子过之，使子路问津焉。

长沮曰：“夫执舆者为谁？”

子路曰：“为孔丘。”

曰：“是鲁孔丘与？”

曰：“是也。”

曰："是知津矣。"

问於桀溺。

桀溺曰："子为谁？"

曰："为仲由。"

曰："是鲁孔丘之徒与？"

对曰："然。"

曰："滔滔者天下皆是也，而谁以易之？且而与其从辟人之士也，岂若从辟世之士哉？"耰而不辍。

子路行以告。

夫子怃然曰：鸟兽不可与同群，吾非斯人之徒与而谁与？天下有道，丘不与易也。"

【注释】

长沮（jù）、桀（jié）溺（nì）耦（ǒu）而耕：长沮、桀溺两个人一起耕种。长沮、桀溺：两个隐士，姓名不详。耦：并肩耕作。

津：渡口。

执舆：拉着马车的缰绳。

且而：而且你。而：通'尔'，你。

辟人：逃避人（指无道君主）。辟：躲开。

辟世：逃避世道。

耰（yōu）而不辍（chuò）：耕种不停。耰：播下种子，用农具耰来平土，掩盖种子。辍：停止。

怃（wǔ）然：茫然自失的样子，失望的样子。

不与易也：不赞成变革。与：有多重意义，此处作'赞许'讲。

【译文】

长沮、桀溺两个人并肩而耕，孔子路过，叫子路前去问渡口在何处。

长沮说："那个驾车的人是谁呀？"

子路回答说："是孔丘。"

长沮又问："是鲁国的那个孔丘吧？"

子路回答说："是的。"

长沮说："那么看来他应该知道渡口在哪里。"

子路又问桀溺。

桀溺问："你是谁？"

子路回答："我叫仲由。"

桀溺又问："你是鲁国孔丘的学生吧？"

子路回答说："是的。"

桀溺说："天下乱得就像滔滔洪水泛滥一样，又有谁去改变这种现象？与其你跟着孔子去逃避无道君主，还不如我们这种躲避社会现实的人呢？"边说边不停地耕种。

子路在路上就告诉了孔子。

孔子失望地说："鸟兽与我不是一群，但我不和这种人打交道（指问渡口之事）又去和谁打交道呢？如果天下政治清明，我是不会赞成变革的。"

[1.16]（18.7）

子路从而后，遇丈人，以杖荷蓧 。

子路问曰："子见夫子乎？"

丈人曰："四体不勤，五谷不分，孰为夫子？"植其杖而芸。

子路拱而立。

止子路宿，杀鸡为黍而食之，见其二子焉。

明日，子路行以告。

子曰："隐者也。"使子路反见之。至，则行矣。

子路曰："不仕无义。长幼之节，不可废也；君臣之义，如之何其废之？欲洁其身，而乱大伦。君子之仕也，行其义也。道之不行，已知之矣。"

【注释】

丈人：对老年人的尊称。

荷蓧：扛着除草用农具。蓧：(diào) 古代除草用农具。

芸：通'耘'，除草。

止：拦阻。

见（xiàn)：现。

伦：伦理，即人与人之间相处的各种道德准则。大伦即指古时社会的君臣关系。

【译文】

子路跟随孔子出游，有一次落在后面。遇到一位老者，肩上用杖扛着农具。

子路问他："您曾看见我的老师吗？"

长者说："四肢不会劳动，对五谷也分辨不清，搞不清哪位是你的老师？"说完，长者把杖插在田里，开始除草。

子路拱着手恭敬地站在一旁。

长者引子路在他家留宿，杀鸡，煮饭给他吃，并让他两个儿子与子路见面。

第二天，子路上路，赶上了孔子，子路把这件事告诉了孔子。

孔子说："这是位隐士呀！"叫子路返回长者处。子路赶到了长者家时，他已经出门了。

子路说："不出来做官是不适宜的。长幼之间的礼节，是不可能废的；君臣间的正常关系，怎么能作废呢？想保持个人清白，破坏了君臣之间的伦理关系。君子出来做官，是他应该尽的义务。至于我们的主张思想实行不了，这是已经知道的。"

[1.17]（14.38）

子路宿于石门。晨门曰："奚自？"子路曰："自孔氏。"曰："是知其不可而为之者与？"

【注释】

石门：地名，鲁国都城的外门。
晨门：执掌早晨开启城门的人。
奚：疑问代词，哪里。

【译文】

子路在石门住了一夜，第二天清晨进城时，守门人问他："你从什么地方来？"子路说："从孔子那里来的。"守门人说："就是那位明知做不到却硬要去做的人吧？"

[1.18]（11.2）

子曰："从我于陈、蔡者，皆不及门也。"

【注释】

门：指孔子家塾教育弟子的地方。

【译文】

孔子曰："跟随我到过陈国、蔡国去的人，现在都不在我这里了。"

[1.19]（9.15）

子曰："吾自卫反鲁，然后乐正，《雅》、《颂》各得其所。"

【注释】

反：返回。孔子在鲁哀公十一年（公元前484年）冬，结束了周游列国的路程，返回鲁国。

乐正：返回鲁国时，孔子已六十八岁，从政的希望渺茫，开始加紧著书立说，整理儒家学说。

【译文】

孔子说："我从卫国回到鲁国，才把音乐的篇章整理好，使《雅》《颂》各自归于它们本来的位置。"

[1.20]（7.5）

子曰："甚矣吾衰也！久矣吾不复梦见周公！"

【注释】

周公：姓姬，名旦，周武王王胞弟。因他的封地在周（今陕西岐山），故称周公，也称周公旦。周公曾帮助武王灭纣，武王死后。又辅助其年幼侄儿成王摄政朝政。后又成功地粉碎了由他几个兄弟及其东方邻国发动的叛乱。三年平叛后，继续在东方实行分封。并集中力量营建洛邑（今洛阳）作为统治中原的中心，巩固了周王朝的统治。制礼作乐，建立典章制度，《尚书》中《大浩》、《康诰》等多篇文章就是记载他的言论。故孔子十分怀念他。

【译文】

孔子说："我已经衰老得很啦！我有好久没有再梦到周公了。"

[1.21]（14.35）

子曰："莫我知也夫！"子贡曰："何为其莫知子也？"子曰："不怨天，不尤人；下学而上达。知我者其天乎！"

【注释】

莫我知：即莫知我。

尤：指责。

【译文】

孔子感慨道："没有人了解我呀！"子贡说："为什么说没有人了解您呢？"

孔子说："不埋怨天，不责备人，我学最基本的知识，透彻地领会了高深的道理。了解我的，看来只有天了！"

[1.22]（7.4）

子之燕居，申申如也，夭夭如也。

【注释】

燕居：安逸的居所。燕：安逸、安闲。

申申：安详舒适的样子。申：舒展。

夭夭：颜色和悦的样子。

【译文】

孔子在安逸的居所里，安详舒适，和颜悦色。

[1.23]（9.28）

子曰：“岁寒，然后知松柏之后凋也。”

【译文】

孔子说：“严寒的冬天，才知道松柏是最后凋零的。”

[1.24]（9.9）

子曰：“凤鸟不至，河不出图，吾已矣乎！”

【注释】

凤鸟不至：古代传说凤鸟是吉祥鸟，它的出现预示天下太平。

河不出图：黄河中有龙背负八卦图出现，预示‘圣王’即将出世。

【译文】

孔子说：“凤凰鸟也不飞来，黄河中也不出现龙背八卦图，我这一生已经不行啦！”

[1.25]（5.7）

子曰：“道不行，乘桴浮于海。从我者，其由与？”子路闻之喜。子曰：“由也，好勇过我，无所取材。”

【注释】

桴：渡河用木排或竹排。

其：语气词，表示揣测。

取材：选用材料，选用人才。材：木材，人材。

【译文】

孔子说："我的主张行不通了，乘着木排出海吧，跟随我的，大概只有子路了？"子路听后非常高兴。孔子说："子路呀，你的勇敢精神胜过我，但还不知道怎么审时度势。"

【师生情怀】

《论语》中涉及的孔子学生名录

序号	姓	名	字	注
1．有子	有	若		相貌像孔子，孔子死后，孔子弟子曾一度“相与共立为师，师之如夫子时也。”
2．曾子	曾	参（shēn）	子舆	《大学》作者，比孔子小46岁。
3．曾皙（xi）	曾	点	子皙	（曾参父亲）
4．子夏	卜	商	子夏	
5．子禽	陈	亢（kàng）	子禽	
6．子贡	端木	赐	子贡	
7．樊迟	樊	须	子迟	
8．子游	言	偃（yǎn）	子游	（鲁国武城地方官）
9．颜渊	颜	回	子渊	
10．季路	仲	由	子路	（鲁国季氏家臣比孔子小九岁在战斗中因头上帽子带子松了，在正冠系带子时被敌人砍死）
11．子张	颛孙	师	子张	

12．冉有	冉（rǎn）	求	子有	（鲁国季氏家臣）
13．宰我	宰	予	子我	
14．公冶长	公冶	长	子长	
15．南容	南宫	适（kuò）	子容	（谥：敬叔）
16．子贱	宓（fú）	不齐	子贱	
17．漆雕开	漆雕	开	子若	
18．仲弓	冉	雍	仲弓	（鲁国季氏家臣）
19．赤	公西	赤	子华	（即公西华）
20．原思	原	宪	子思	（孔子家总官）
21．伯牛	冉	耕	伯牛	
22．闵子骞	闵	损	子骞	（鲁国季氏家臣）
23．澹台灭明	澹台	灭明	子羽	
24．巫马期	巫马	施	子期	
25．牢	琴	牢	子开	
26．颜路	颜	无繇（yóu）路		（颜回的父亲，比孔子小六岁）
27．柴	高	柴	子羔	
28．司马牛	司马	犁或耕	子牛	
29．公伯寮	公伯	寮	子周	（鲁国季氏家臣）
30．伯鱼	孔	鲤	伯鱼	（孔子儿子）

[2.1]（11.3）

德行：颜渊、闵子骞、冉伯牛、仲弓；

言语：宰我、子贡；

政事：冉有、季路；

文学：子游、子夏。

【译文】

孔子弟子中：

品德出色的有：颜渊、闵子骞、冉伯牛、仲弓；

擅长辞令的有：宰我、子贡。

擅长处理政事的有：冉有、季路（子路）。

熟悉诗书礼乐的有：子游、子夏。

[2.2]（11.18）

柴也愚，参也鲁，师也辟，由也喭。

【注释】

鲁：迟钝。
辟：偏僻、偏激。
喭（yàn）：粗鲁、莽撞，粗俗。

【译文】

高柴（子羔）愚昧，曾参（子舆）迟钝，颛孙师（子张）偏激，季路（仲由）粗鲁莽撞。

[2.3]（5.8）

孟武伯问：“子路仁乎？”子曰：“不知也。”又问。子曰：“由也，千乘之国，可使治其赋也，不知其仁也。”“求也何如？”子曰：“求也，千室之邑，百乘之家，可使为之宰也，不知其仁也。”“赤也何如？”子曰：“赤也，束带立于朝，可使与宾客言也，不知其仁也。”

【注释】

千乘之国：诸侯国。古时一车四马为一乘。周天子地方千里，出兵车万乘；诸侯地方百里，出兵千乘。

赋：有赋税、兵税。赋税指多少田地抽税多少。兵赋指交多少兵甲车马。

千室之邑：拥有千户人家的城镇或小国。

宰：长官。

束带：把带子高高地紧紧束在胸，以示礼服庄重严肃。

【译文】

孟武伯问：“子路算得上有仁德吗？”孔子说：“我不知道。”孟武伯又问一遍。孔子于是说：“仲由呵，在一个诸侯国，管理税赋不成问题，至于有没有仁德，那我就不知道了。”

孟武伯又问：“冉求这个人怎么样？”孔子说：“冉求嘛，在一个千户规模的城镇，一个拥有兵车百辆的小国，可以让他做那里的地方长官。他有没有仁德，我就不清楚了。”

孟武伯又问：“公西华怎么样？”孔子说：“赤呵，有宾客来往时，可以派他穿着礼服立在朝廷上接待宾客，与宾客交谈。我也不知道他有无仁德。”

[2.4]（6.8）

季康子问：“仲由可使从政也与？”子曰：“由也果，于从政乎何有？”

曰：“赐也可使从政也与？”曰：“赐也达，于从政乎何有？”

曰：“求也可使从政也与？”曰：“求也艺，于从政乎何有？”

【注释】

果：坚决、果断。

达：豁达、心胸宽阔，通晓时宜。

艺：才能、本领。

【译文】

季康子问孔子：“仲由（子路）这个人可以让他从政吗？”孔子说：“仲由办事果断，对于从政还有困难吗？”

季康子又问：“端木赐（子贡）可以从政吗？”孔子说：“子贡这个人心胸豁达，通晓时宜，对于从政能有困难吗？”

季康子再问：“冉求（子有）可以从政吗？”孔子说：“冉有这个人多才多艺，有本领，对于从政还会有什么困难吗？”

[2.5]（5.1）

子谓公冶长：“可妻也。虽在缧绁之中，非其罪也。”以其子妻之。

【注释】

妻：以女嫁人。

缧绁（léi xiè）：拘禁、囚禁。

以其子妻之：以自己的女儿嫁给他。古时儿子与女儿均称子。

妻在这里为动词，作嫁讲。

【译文】

孔子在谈到学生公冶长时说："可以把女儿嫁给他，尽管还在被囚禁，但他没有罪过。"决定把自己的女儿嫁给他。

[2.6]（5.2）

子谓南容："邦有道，不废；邦无道，免于刑戮。"以其兄之子妻之。

【注释】

废：黜废，罢官。

戮：羞辱、杀害。

【译文】

孔子提到学生南容时说："国家政治清明时，他不会被罢官；国家政治黑暗时，他不会受迫害。于是把自己的侄女嫁给他。

[2.7]（11.6）

南容三复白圭，孔子以其兄子妻之。

【注释】

白圭：《诗经 · 大雅 · 抑》中诗句：'白圭之玷，尚可磨也。斯言之玷，不可为也。'意思是：白玉上的污点，还可以磨掉，言语中的错误，不能挽回。

【译文】

南容反复多次朗诵《诗经》中关于白圭的诗句，孔子把自己的侄女嫁给他。

[2.8]（5.3）

子谓子贱："君子哉若人！鲁无君子者，斯焉取斯？"

【注释】

若：指示代词，你，这个。

斯焉取斯：斯：指示代词。第一个'斯'代表子贱，第二个'斯'代表君子的美德。

【译文】

孔子提起子贱时说："这个人，君子呀！如果鲁国没有君子的品德，他子贱从何处获得君子的好品德？"

[2.9]（5.5）

或曰："雍也仁而不佞。"子曰："焉用佞？御人以口给，屡憎于人。不知其仁，焉用佞？"

【注释】

或：有的人。如司马迁：'人固一死，或重于泰山，或轻于鸿毛。'

佞（nìng）：能说会道。花言巧语。

御人：与人争吵。

口给：口齿伶俐，应对敏捷。

【译文】

有人说："冉雍这个人有仁德不会花言巧语。"孔子说："为什么一定要花言巧语呢？巧舌如簧地同别人争辨，常常让人讨厌。我不知道雍的仁德怎么样，但为什么非要花言巧语呢？"

[2.10]（6.1）

子曰："雍也可以使南面。"

【注释】

南面：古时以坐北朝南的位置为尊位，天子、诸侯、卿大夫等大夫听政时都南面而坐。南面代表大官的位置。

【译文】

孔子说："冉雍（仲弓）可以做大官。"

[2.11]（6.6）

子谓仲弓曰："犁牛之子骍且角，虽欲勿用，山川其舍诸？"

【注释】

耕牛之子：将仲弓比喻是耕牛的儿子，借指冉雍虽出身贫贱，有才能，可以为官。

骍且角：赤色马两角长得端正，适合祭祀。骍：赤色马

山川：山川之神。

其：连词。如果、假使。

舍（shě）：放弃、不要。

诸：第三人称代词：他、它……。

【译文】

孔子讲到仲弓时说："这是一头两只角端正饱满，长得漂亮的红色的小犊牛，人们虽不想用它祭祀，难道山川之神会舍弃它吗？"

[2.12]（6.4）

子华使于齐，冉子为其母请粟。子曰："与之釜。"

请益，曰："与之庾。"

冉子与之粟五秉。

子曰："赤之适齐也，乘肥马，衣轻裘。吾闻之也：君子周急不继富。"

【注释】

釜、庾（yǔ）、秉（bǐng）：均为古时容积计量单位。釜：六斗四升为一釜；庾：十六斗为一庾；秉：十六斛（hú）为一秉，一斛为十斗，即一百六十斗为一秉。益：增加。

周：救济。

【译文】

公西赤（子华）出使齐国，冉有为他母亲向孔子请求给点粮食。孔子说："给她一釜吧。"

冉子请求多给点，孔子说："那就给她一庾吧。"

冉子就给了子华母亲五秉。

孔子说："子华到齐国去，乘的肥马拉的车，穿的轻暖的皮袍。"我听说过："君子救济急等需要的人，而不是接济那些富人。"

[2.13]（6.5）

原思为之宰，与之粟九百，辞。子曰："毋！以与尔邻里乡党乎！"

【注释】

邻里乡党：古代五家为邻，二十五家为里，一万二千五百家为一乡，五百家为一党。

【译文】

学生原思在孔子家做总管，孔子给他九百斗粮食，他推辞不受，孔子说："不要辞了，拿去给你家里乡亲吧！"

[2.14]（11.5）

子曰："孝哉闵子骞！人不间于其父母昆弟之言。"

【注释】

间：离间。

昆：兄。

【译文】

孔子说："闵子骞真孝呀！他从不说挑剔、离间父母兄弟之间关系的话。"

[2.15]（11.14）

鲁人为长府。闵子骞曰："仍旧贯，如之何？何必改作？"子曰："夫人不言，言必有中。"

【注释】

为：动词，做、改建。

长府：鲁国藏财货的府名。

贯：通‘惯’，习惯

夫人：这个人。夫放在句首的语气词。

【译文】

鲁国当权者打算要改建长府。闵子骞说“还照老样子，怎么样，何必改建呢？”孔子说“这个人不爱说话。一说话就能说到关键处。”

[2.16]（11.13）

闵子侍侧，訚訚如也；子路，行行如也；冉有、子贡，侃侃如也。子乐。“若由也，不得其死然。”

【注释】

訚訚（yín）如：形容辨论时的态度好。如：形容词词尾

行行（hàng）如：刚强负气的样子。

侃侃（kǎn）如：从容不迫的样子。

【译文】

在孔子旁侍奉，闵子骞一副温和可亲的样子；子路是一副刚強负气的样子；子贡则是从容迫的样子。孔子高兴快乐，说：“你这个仲由（子路）如果这样，怕不得好死。”

[2.17]（5.13）

子贡曰：“夫子之文章，可得而闻也；夫子之言性与天道，

不可得而闻也。”

【注释】

闻：见闻，知识；听说。

性：人的本性。

【译文】

子贡说：“先生的文章、学问，可以看到、听到；先生有关谈论人的本性和天道的论述，就听不到了。”

[2.18]（5.9）

子谓子贡曰：“女与回也孰愈？”对曰：“赐也何敢望回！回也闻一以知十，赐也闻一以知二。”子曰：“弗如也，吾与女弗如也。”

【注释】

女（rǔ）：第二人称：你，你们。

与：第一个‘与’字意为和；第二个‘与’字意为赞许，赞成。“与”的这种用法在本书中多次出现。

愈：胜过。

弗：不

【译文】

孔子对子贡说：“你和颜回相比，谁强些？”子贡回答说：“我怎敢跟颜回相比呀！颜回懂一个道理就可以推知出十个道理，我听到一个道理只能知道两个道理。”孔子说：“你是不如他，我赞成你说的，你不如他。”

[2.19]（15.3）

子曰："赐也，女以予为多学而识之者与？" 对曰："然，非与？" 曰："非也。予一以贯之。"

【注释】

识：记忆、记住。

与：句末感叹词，表示疑问和感叹。

【译文】

孔子说："赐呵，你以为我学了很多知识而又能都记住吗？" 子贡答道："当然啰，难道不是这样吗？" 孔子说："没有这回事，不能都记住，不过我能始终坚持去多学强记。"

[2.20]（6.12）

冉求曰："非不说子之道，力不足也。" 子曰："力不足者，中道而废。今女画。"

【注释】

说：悦、高兴、喜欢。

画：划分界线。《孙子兵法 · 虚实》：'我不欲战，画地而守之。'

【译文】

冉求说："我不是不喜欢您的学说，实在是自己的能力不够。" 孔子说："如果能力不够，是走到中途走不动才停止前进。现在你是划地自限不往前走了。"

[2.21]（11.17）

季氏富于周公，而求也为之聚敛而附益之。子曰：“非吾徒也。小子鸣鼓而攻之，可也！”

【注释】

富于周公：富过周公。于：比、过，司马迁：《报任安书》：‘或重于泰山，或轻于鸿毛。’周公：姬姓，名旦，武王胞弟，曾辅助武王灭商。武王死后辅助成王，巩固了周王朝的政权。参见[1.20]的注释。

小子：指孔子的其它学生。

【译文】

季氏比周武王时代的周公还要富有，然而冉求还帮助他搜刮钱财而增加更多的财富。孔子说：“冉求已不是我的学生了。学生们，你们可以大张旗鼓的的声讨他。”

[2.22]（13.14）

冉子退朝。子曰：“何晏也？”对曰：“有政。”子曰：“其事也。如有政，虽不吾以，吾其与闻之。”

【注释】

晏：晚，迟。

吾以：即用我。以：用。吾：我，第一人称。

与：参与。

【译文】

冉求从季氏府中退朝回来。孔子问："为何这么晚才回来？"冉求回答道："有政事商量。"孔子说："可能是季氏的私事吧。如果有政事，虽然现在不用我，但我还是会听说的。"

[2.23]（11.24）

季子然问："仲由、冉求可谓大臣与？"子曰："吾以子为异之问，曾由与求之问。所谓大臣者，以道事君，不可则止。今由与求也，可谓具臣矣。"

曰："然则从之者与？"子曰："弑父与君，亦不从也。"

【注释】

曾由与求之问：即'问由与求'的倒装。曾：副词，用来加强语气。

具臣：相当于备员，指享受俸禄而不能有所作为的臣僚。这里暗指孔子对仲由、冉求的指责。

【译文】

季子然问："仲由和冉求是否可以称得上大臣？"孔子说："我以为您有什么奇特的问题呢，竟是问仲由、冉求这两个人呀。我们所说的大臣，应该能以合于仁德的做法去侍奉君主，如果行不通就不干。现在仲由和冉求这两个人呀，可以说只能算是备臣，作为不大。"

季子然又问："既然这样，那么他们肯听话吗？"孔子说："如果要他杀父杀君，他们是不会听从的。"

[2.24]（6.3）

哀公问："弟子孰为好学？"孔子对曰："有颜回者好学，不迁怒，不贰过。不幸短命死矣，今也则亡，未闻好学者也。"

【注释】

哀公：鲁国国君，详见[10.65]注释

孰：疑问代词。哪一个。

迁：转移。

贰：重复。

过：过失。

亡（wú）：通'无'。

【译文】

鲁哀公问孔子："你的学生中哪一个最爱学习？"孔子回答道："有一个叫颜回的最爱学习，他不把怒气发泄到别人身上，也不犯同样的错误。不幸的是他短命死了，到现在为止，还没有听说有他这样好学的人呀。"

[2.25]（11.7）

季康子问："弟子孰为好学？"孔子对曰："有颜回者好学，不幸短命死矣！今也则亡。"

【注释】

这一条只比前一条[2.24]少了二句，内容相同，提问人也换成了鲁哀公时掌握朝庭实权的季康子。

[2.26]（9.20）

子曰：“语之而不惰者，其回也与！”

【译文】

孔子说：“同他谈话，他从不懈怠，大概只有颜回吧！”

[2.27]（9.21）

子谓颜渊曰：“惜乎！吾见其进也，未见其止也！”

【译文】

孔子谈到颜渊时说：“太可惜了，我只看见他不断进步，没有见过他停滞不前！”

[2.28]（9.22）

子曰：“苗而不秀者有矣夫！秀而不实者有矣夫！”

【注释】

秀：谷物吐穗开花。

【译文】

孔子说：“光长苗不开花的现象是有吧！光吐穗开花而不结果的现象也是有吧！”

[2.29]（11.4）

子曰：“回也，非助我者也！于吾言无所不说。”

【译文】

孔子说："颜回呀，他对我并非有什么帮助！他对我的话从来都是高兴接受。"

[2.30]（11.8）

颜渊死，颜路请子之车以为之椁。子曰："才不才，亦各言其子也。鲤也死，有棺而无椁。吾不徒行以为之椁，以吾从大夫之后，不可徒行也。"

【注释】

颜路：颜回的父亲。从师于孔子。

鲤：孔鲤。孔子的儿子和学生。

椁：套在棺材外面的大棺材。

【译文】

颜渊死了，他父亲请求孔子把他的车子卖了给颜渊买一个椁。孔子说："无论是有才能还是没有才能，也都是自己的儿子。我儿鲤死了，只有棺而没有椁，我不能步行把车卖了来给他买椁。由于我曾做过大夫，是不能步行出门的。"

[2.31]（11.9）

颜渊死，子曰："噫！天丧予！天丧予！"

【译文】

颜渊死了，孔子说："唉！天老爷要我的命呀！天老爷要我的命呀！"

[2.32]（11.10）

颜渊死，子哭之恸。从者曰："子恸矣！"曰："有恸乎？非夫人之为恸而谁为？"

【注释】

恸（tòng）：极度悲哀。

夫人：这个人。

【译文】

颜渊死了，孔子哭得非常悲哀。跟随的人说："您太悲伤了！"孔子说："太悲伤吗？不为这个人悲伤，还能为谁悲伤呢？"

[2.33]（11. 11）

颜渊死，门人欲厚葬之，子曰："不可。"

门人厚葬之。子曰："回也，视予犹父也，予不得视犹子也。非我也，夫二三子也。"

【注释】

夫二、三子：那几个学生。

【译文】

颜渊死了，孔子的学生想要隆重地安葬他，孔子说："不合适。"

学生还是隆重地安葬了颜渊。孔子说："颜回呀！你把我当父亲一样对待，我却不能把你像儿子一样对待。这不是我的意思，是那些学生的意思呀。"

[2.34]（11.19）

子曰："回也其庶乎！屡空。赐不受命，而货殖焉，亿则屡中。"

【注释】

庶乎：庶可行，表示可能或期望。

屡空：多次都没有。

不受命：没有接受指使。

货殖：经商。《抱朴子，安贫》：《货殖营生，累万金之赀（财产）》。

亿：推测。

【译文】

孔子说："颜回也有他的期望呀！但每次都落空，从而常常贫穷。子贡也没有人去指使他去经商，却屡次推测成功发了财。"

[2.35]（12.5）

司马牛忧曰："人皆有兄弟，我独亡。"子夏曰："商闻之矣：'死生有命，富贵在天。'君子敬而无失，与人恭而有礼，四海之内，皆兄弟也。君子何患乎无兄弟也？"

【译文】

司马牛忧伤地说："别人都有兄弟，惟独我没有。"子夏说："我听说过：'生死由命运主宰，富贵由上天安排。'君子只要严肃认真，不出过错，对待别人恭敬有礼，天底下的人都是你的兄弟啊。君子还忧虑自己没有兄弟吗？"

[2.36]（5.6）

子使漆雕开仕。对曰："吾斯之未能信。"子说。

【注释】

吾斯之未能信：即吾未能信斯。我还不相信这件事。斯：指示代词，这件事。

说：悦。

【译文】

孔子叫学生漆雕开去做官。漆雕开说："我对做官还没有自信。"孔子听后感到高兴。

[2.37]（19.15）

子游曰："吾友张也，为难能也，然而未仁。"

【译文】

子游说："我的朋友子张呀，可以说是难能可贵，可是还没有达到仁。"

[2.38]（19.16）

曾子曰："堂堂乎张也，难与并为仁矣。"

【注释】

堂堂：容貌俊俏出众的样子。暗指自高自大。

【译文】

曾子说："子张英俊出众，别人难以与他一起做到仁。"

[2.39]（14.36）

公伯寮愬子路于季孙，子服景伯以告，曰："夫子固有惑志，于公伯寮，吾力犹能肆诸市朝。"

子曰："道之将行也与，命也。道之将废也与，命也。公伯寮其如命何！"

【注释】

愬（su）：诉说，毁谤。

季孙：季孙氏，当时鲁国实权人物。

子服景伯：鲁国大夫，姓何。

以：已。

固有惑志：本来就有怀疑心。

肆诸：把他陈尸于市。古时处死刑后，陈尸于市叫做"肆"。

【译文】

公伯寮（子周）在季孙氏面前说子路的坏话。子服景佰把这件事告诉了孔子，并说："季孙氏本来就怀有疑心，我有力量能使季孙氏杀了公伯寮，把他的尸体拿到街道示众。"

孔子说："我的思想学说如能实现，这是命；我的思想学说如果被废弃，也是命。公伯寮怎么能抗得过命啊！"

[2.40]（5.14）

子路有闻，未之能行，唯恐有闻。

【注释】

有：有，与'无'相对；又。

【译文】

子路听到一个道理，如还未能实行，担心又听到一个新道理。

[2.41]（11.15）

子曰："由之瑟，奚为于丘之门？"门人不敬子路。子曰："由也升堂矣，未入于室也。"

【注释】

瑟：古代弦乐器，有二十五根弦。

为：做。在此比喻弹瑟。

升堂…，…入室：比喻学问或技能由浅入深，循序渐进，达到更高的水平。

【译文】

孔子说："仲由弹琴，怎么在我这里弹呀？"学生们听后，瞧不起子路。孔子解释说："仲由技能、学问已经不错了，只是还没有达到精深而已。"

[2.42]（7. 35）

子疾病，子路请祷。子曰："有诸？"子路对曰："有之。《诔》曰：'祷尔于上下神祇'"子曰："丘之祷久矣。"

【注释】

疾病：二字都是指生病。'疾'常指一般的生病，'病'常指病得很重。

有诸：有这么回事吗。诸：相当于'之乎'。

诔（lěi）：一种哀祭文体。

祇（qí）：地神。

【译文】

孔子病加重，子路请求祈祷。孔子问道："有这么回事吗？"子路回答道："有这回事，《诔》文上写道：'替你向天神地祇祷告。'"孔子说："我早就祈祷了。"

[2.43]（9.12）

子疾病，子路使门人为臣。病间，曰："久矣哉，由之行诈也！无臣而为有臣，吾谁欺？欺天乎？且予与其死于臣之手也，无宁死于二三子之手乎！且予纵不得大葬，予死于道路乎？"

【注释】

使门人为臣：让孔子的学生作家臣。（古代大夫的丧事，由家臣治办。）

病间：病情减轻的一段时间。

吾谁欺：即吾欺谁。

大葬：卿大夫的隆重葬礼。

【译文】

孔子病情严重，子路就让孔子的学生装扮成家臣来准备后事。在病减轻的时间，孔子知道这件事后就说："子路的一种骗人技俩啊！我本没有家臣，却要装着有家臣，我欺骗谁呀？欺骗天？我与其死在家臣的手里，还不如死在你们这些弟子手里！我即使没有条件享受卿大夫的葬礼，难道我会死在路上没有人来安葬吗？"

[2.44]（11.25）

子路使子羔为费宰。子曰："贼夫人之子。"

子路曰："有民人焉，有社稷焉。何必读书，然后为学？"

子曰："是故恶夫佞者。"

【注释】

费宰：费地的长官。宰：长官。

贼夫人。坑害这个人。贼：害。夫人：这（那）个人。

社稷：'社'是土地神，'稷'是谷神，古代帝王都祭祀社稷，以后社稷就成了国家的代称。

是故：因此。

恶夫佞者：讨厌这（那）个能说会道的人。恶（wù）：讨厌。佞：能说会道。

【译文】

子路派子羔去做费地的长官。孔子说："这是害了人家的儿子。"

子路说："那个地方有百姓，有土地有粮食。为什么一定要读书呢，难道读书才能做学问吗？"

孔子说："因此我讨厌这种能说会道的人。"

[2.45]（3.21）

哀公问社于宰我。宰我对曰："夏后氏以松，殷人以柏，周人以栗，曰：使民战栗。"子闻之，曰："成事不说，遂事不谏，既往不咎。"

【注释】

社：土地神，此指为祭祀土地神找社主（木头制的牌位）。

遂（sui）事：已完成的事。遂：顺利地做到、成就。

咎（jiu）：归罪，责怪。

【译文】

鲁哀公问宰我，制作土地神的牌位应该用什么木材。宰我回答说："夏朝人用松木，殷朝人用柏木，周朝人用栗，用意是，让百姓不寒而栗，害怕得发抖。"孔子听后，对宰我说："事情都做了，不要再解释说明，已经顺利完成的事，不要再用规劝，已经办过的事，不要再进行责备。"

[2.46]（5.10）

宰予昼寝。子曰："朽木不可雕也，粪土之墙不可圬也。于予与何诛？"

子曰："始吾于人也，听其言而信其行；今吾于人也，听其言而观其行。于予与改是。"

【注释】

昼（畫）：白天。学术界有一说，认为昼（畫）寝乃画（畫）寝之误’疑因二字形近而讹。意为宰予粉刷自己的卧室，故此引发了孔子的一番评论。

圬（wu）：同‘杇’，泥瓦工人用的抹子，引申为抹墙。

于予与何诛：对宰予给与他什么责问。与：给予。诛：责问、谴责。

【译文】

宰予白天睡觉。孔子说："腐朽的木材不能雕刻，粪土一样的墙壁粉刷不了。对宰予，我责备他什么呢？"

孔子又说："开始我看人，听其言，信其行（听了他的话就相信他了)；现在我看人，听其言，观其行（听了他的话再观察他的行动)。就是经过宰予这件事才改变的。"

[2.47]（19.22）

卫公孙朝问于子贡曰："仲尼焉学？"子贡曰："文、武之道，未坠入地，在人。贤者识其大者，不贤者识其小者。莫不有文、武之道焉。夫子焉不学？而亦何常师之有？"

【注释】

卫公孙朝：卫国的大夫。

常师之有：即'有常师。'孔子曾向老聃学礼，向苌弘学乐，向师襄学琴。

【译文】

卫国的公孙朝问子贡说："孔子的学问怎么学来的？"子贡说："周文王周武王之道并没有消失，仍在人间流传。贤能的人能抓住大的方面，不贤的人只能认识小的方面。但都有文武之道在里面。老师哪里不能学？哪里有什么固定的专门老师呀！"

[2.48]（19.23）

叔孙武叔语大夫于朝，曰："子贡贤于仲尼。"

子服景伯以告子贡。

子贡曰："譬之宫墙，赐之墙也及肩，窥见室家之好。夫子之墙数仞，不得其门而入，不见宗庙之美，百官之富。得其门者或寡矣。夫子之云，不亦宜乎！"

【注释】

叔孙武叔：鲁国大夫，名州仇。

语大夫：告诉大夫。

子服景伯：鲁国大夫，见[2.39] 注释。

譬（pì）：比方，比喻。比如。

仞（rèn）：长度单位。古代以七尺或八尺为一仞。

百官：各式各样的房舍。

【译文】

叔孙武叔在朝廷上对大夫们说：“子贡比他老师还要强。”

子服景伯把这句话告诉了子贡。子贡说：“用围墙作比喻吧，我的墙只有人肩膀那么高，在墙外就可以把里面房间看得清清楚楚。我老师的围墙有几丈高，如果不从门进去，根本就看不见里面宗庙的雄伟秀美，看不见里面各式各样的房舍有多么富丽堂皇。可惜能进入我老师这扇门的人也许是太少了。叔孙武叔先生的这番话，是不合适的呀！”

[2.49]（19.24）

叔孙武叔毁仲尼。子贡曰：“无以为也！仲尼不可毁也。他人之贤者，丘陵也，犹可逾也；仲尼，日月也，无得而逾焉。人虽欲自绝，其何伤于日月乎？多见其不知量也！”

【注释】

多：仅仅、只。

【译文】

叔孙武叔诽谤孔子。子贡说：“不要这样做吧！仲尼是不可诽谤的。别的贤人，如同是山丘，还可以趟越过去；仲尼，如同天上的日月，是不可能趟越的。如果一个人非要跟太阳月亮过不去，对太阳月亮又有什么损伤呢？仅仅是表现出自不量力而已！”

[2.50]（19.25）

陈子禽谓子贡曰：“子为恭也，仲尼岂贤于子乎？”

子贡曰：“君子一言以为知，一言以为不知，言不可不慎也。夫子之不可及也，犹天之不可阶而升也。夫子之得邦家者，所谓立之斯立，道之斯行，绥之斯来，动之斯和。其生也荣，其死也哀，如之何其可及也！”

【注释】

子：对人的尊称，相当现代‘您’字。写在姓氏后表示对人尊敬，如孔子、孟子。

得邦家者：指做了诸侯或卿大夫。

绥（súi）：安抚。

和（hè）：跟着唱，常说‘一唱一和。’

【译文】

陈子禽对子贡说：“您是谦恭吧，仲尼哪能有您高明呀！”

子贡说：“君子一句话足可以显出他的聪明智慧，一句话也可以看出他的无知，所以说话不能不慎重呀。我的老师是赶不上的，就像上天是不能搭上梯子就能爬上去一样。我的老师如果当上诸侯或卿大夫，就可以做到：要百姓立于礼，百姓就会立于礼，引导百姓，百姓就会跟着行，安抚百姓，百姓就会归顺，动员百姓，百姓就会响应。他生得光荣，死得悲痛，这样的老师我怎么能赶得上啊！”

三 【终生学习】

[3.1]（1.1）

子曰："学而时习之，不亦说乎！有朋自远方来，不亦乐乎！人不知而不愠，不亦君子乎！"

【注释】

亦：也是。

说：通'悦（yùe）'，高兴、快乐。

人不知：别人不知道，别人不了解。

愠（yùn）：心里怨恨、暗暗生气。

【译文】

孔子说"学习知识，时常温习，多么快乐啊！有朋友从远方来，多么高兴啊！别人不了解我，也不生气，这不就是一个有道德修养的人嘛！"

[3.2]（2.4）

子曰："吾十有五而志于学，三十而立，四十而不惑，五十而知天命，六十而耳顺，七十而从心所欲，不逾矩。"

【注释】

有：用在整数与零数之间，相当于'又'。

立：自立。

不惑：不疑惑。

天命：古时人们认出为上天主宰人们的命运。此可指人应尽的道义和职责。

耳顺：从听到的话中能分辨出好坏、是非、真假。

不逾矩：不超过规矩、法度。逾（yú）：超越。

【译文】

孔子说："我十五岁时，有志于做学问，三十岁时，能独立自主，四十岁时，能明了事情而不会感到疑惑，五十岁时知道自己的使命，六十岁时能辨明是非好坏，七十岁可以随心所欲，而不会超越法度规矩。"

[3.3]（2.9）

子曰："吾与回言，终日不违，如愚。退而省其私，亦足以发，回也不愚。"

【注释】

退而省其私：他退下后，再去观察他私下的学习。省：察看、观察。

【译文】

孔子说："我整天给颜回讲学，他从不提出不同的看法，像个笨人。可他退下去，再去察看他的学习，对我讲的知识，不但全面理解还能很好发挥，可见颜回呀并不愚笨。"

[3.4]（2.11）

子曰："温故而知新，可以为师矣。"

【译文】

孔子说："温习旧的知识能从中悟出新的见解，获得新收获，这种方法就是自己的老师。"

[3.5]（2.15）

子曰：“学而不思则罔；思而不学则殆。”

【注释】

罔：受蒙骗。

殆：懒惰、危险。

【译文】

孔子说：“只是读书，不去思考，就会受骗；只是思考，不去读书，这是懒惰，也很危险。”

[3.6]（2.16）

子曰：“攻乎异端，斯害也已。”

【注释】

攻乎：深入钻研于。乎是动词后缀，相当‘于’。

异端：错误的主张，指不符合圣人之道的学问。

【译文】

孔子说：“一心钻研错误学说，就会伤害自己。”

[3.7]（2.17）

子曰：“由！诲女知之乎？知之为知之，不知为不知，是知也。”

【注释】

第三个“知”字通“智”。

【译文】

孔子说："由（子路）呀！我教你的知识你明白了吗？知道就是知道，不知道就是不知道，这才是明智呀。"

[3.8]（3.15）

子入太庙，每事问。或曰："孰谓鄹人之子知礼乎？入太庙，每事问。"子闻之曰："是礼也。"

（10.21）

入太庙，每事问。

【注释】

太庙：指周公的庙，古时开国的君主叫太祖，祭祀太祖的庙叫太庙。周公旦是鲁国最先受封的君主，所以其庙也称太庙。周公旦参见 [2.21][7.19] 注释。

鄹人之子：叔梁纥的儿子，指孔子。鄹人指孔子的父亲叔梁纥 (he)，曾做过鄹大夫。鄹 (zou)：鲁国的小城邑，今山东曲阜南邹县。

【译文】

孔子进到周公庙，每件事都要问一问。有人说："那个叔梁纥的儿子知礼吗？他进到太庙，件件事情都要问问。"孔子听到了这话，说："这种做法就是礼。"

[3.9]（5.15）

子贡问曰：“孔文子何以谓之‘文’也？”子曰：“敏而好学，不耻下问，是以谓之‘文’也。”

【注释】

孔文子：姓孔，名圉（yǔ），字仲叔，谥号‘文’，卫国大夫。

【译文】

子贡问：“孔文子这个人，为什么称他‘文’呀？”孔子回答说：“他既敏捷又勤奋学习，不把向地位低、学识浅的人请教当作可耻，因此称他为‘文’。”

[3.10]（5.28）

子曰：“十室之邑，必有忠信如丘者焉，不如丘之好学也。”

【译文】

孔子说：“在有十户人家住的地方，一定有像我这样忠诚守信用的人，但都不如我那么爱学习罢了。”

[3.11]（6.20）

子曰：“知之者不如好之者，好之者不如乐之者。”

【译文】

孔子说：“懂得它的人不如喜爱它的人，喜爱它的人不如把研究它当乐趣的人。”

[3.12]（7.1）

子曰："述而不作，信而好古，窃比于我老彭。"

【注释】

述：记述，陈述。

作：创作，制作。

窃：谦词，私下，私自。

老彭：商代名大夫。

【译文】

孔子说："只记述不创作，相信而且喜爱古代文化，我私下把自己与古时的老彭相比。"

[3.13]（7.17）

子曰："加我数年，五十以学《易》，可以无大过矣。"

【译文】

孔子说："加我点寿命多活几年，到五十岁学习《易》经，这样就可以没有大的过错了。"

[3.14]（7.19）

叶公问孔子于子路，子路不对。子曰："女奚不曰：其为人也，发愤忘食，乐以忘忧，不知老之将至云尔。"

【注释】

叶公：姓沈，名诸梁，字子高，楚国大夫，封地在叶（shè）城，所以称叶公。

女奚：你为什么。

女：你。

云尔：如此而已。

【译文】

叶公向子路打听孔子是什么样的人，子路不知该如何回答。孔子对子路说："你为什么不说：他的为人啊，发愤用功读书忘了吃饭，心里高兴得把忧愁忘了，忘了自己已经衰老。这么说就行了。"

[3.15]（7.20）

子曰："我非生而知之者，好古，敏以求之者也。"

【译文】

孔子说："我并不是生来就有知识，是喜欢古代文化，勤奋敏捷地去追求得来的啊！"

[3.16]（7.22）

子曰："三人行，必有我师焉。择其善者而从之，其不善者而改之。"

【译文】

孔子说："几个人同行，其中必定有人可以做我的老师，把他们的长处，优点学到手，以他们身上的缺点来检查自己并加以改正。"

[3.17]（7.28）

子曰："盖有不知而作之者，我无是也。多闻，择其善者而从之，多见而识之；知之次也。”

【注释】

盖：副词。大概。

识（zhi)：记住，认识，知道。

次：按顺序排列，下一个。

【译文】

孔子说：“大概有自己不知却凭空捏造这种事情，反正我是没有。多听各种见解，选择好的加以学习，多看各种事情并牢记在心，这样就会知道更多的知识。”

[3.18]（7.32）

子与人歌而善，必使反之，而后和之。

【译文】

孔子和别人唱歌，别人唱得好，就一定请他再唱，然后跟着他唱。

[3.19]（8.17）

子曰：“学如不及，犹恐失之。”

【译文】

孔子说：“学习做学问就像追赶什么一样唯恐赶不上，学到的知识又怕丢掉了。”

[3.20]（9.17）

子在川上曰："逝者如斯夫！不舍昼夜。"

【注释】

逝者如斯夫：消失的岁月如同江水。斯：指示代词，此处指江中之水。夫：表示感叹。

舍：休息。

【译文】

孔子在江上说："消失的岁月如同江中流动奔流的水呀！日夜不停地向前奔去。"

[3.21]（9.19）

子曰："譬如为山，未成一篑，止，吾止也！譬如平地，虽覆一篑，进，吾往也！"

【注释】

譬如：比如，比喻。

篑（kuì）：装土的筐子。

【译文】

孔子说："比如堆山，只差一筐就堆成山了，没有继续堆下去，那我自己是停止了！再如用土平地，尽管才倒下一筐土，继续下去，那我是在坚持干呀！"

[3.22]（11.12）

季路问事鬼神。子曰："未能事人，焉能事鬼？"

曰："敢问死。"曰："未知生，焉知死？"

【译文】

子路问怎样侍奉鬼神，孔子说："连人都没有侍奉，怎么能去侍奉鬼呢？"

子路又问："斗胆问一下死是怎么回事？"孔子说："生的道理还没弄清，怎么知道死？"

[3.23]（13.5）

子曰："诵《诗》三百，授之以政，不达；使于四方，不能专对；虽多，亦奚以为？"

【注释】

达：通。

专对：独立回答：专：独。

亦奚以为：亦为奚以的倒装。知识做什么用？奚：什么。以：用。为：做。

【译文】

孔子说："熟读了《诗经》三百篇，让他从政，却办不通；出使它国，又不能独立应对；书读得再多，有什么用呢？"

[3.24]（14.2）

子曰："士而怀居，不足以为士矣！"

【注释】

怀居：怀念居处，留恋家。

【译文】

孔子说："读书人总是留恋自己的家庭生活，就不配称作读书人。"

[3.25]（14.24）

子曰："古之学者为己；今之学者为人。"

【注释】

者：代词。指人、事、时间、地点等，译为'的人''的事'……

【译文】

孔子说："古代读书学习的人为了充实提高自己，现在读书学习的人为了装饰门面给别人看。"

[3.26]（15.32）

子曰："君子谋道不谋食。耕也，馁在其中矣；学也，禄在其中矣。君子忧道不忧贫。"

【注释】

馁（nēi）：饥饿。

道：学说、思想、道理、规律。

【译文】

孔子说："君子谋求于学道，不谋求衣食。耕田，常常挨饿；学了道，能够做官有俸禄。君子只担心没学到道，不必担心贫穷。"

[3.27]（15.31）

子曰："吾尝终日不食，终夜不寝，以思，无益，不如学也。"

【译文】

孔子说"我曾经终日不吃、彻夜不睡，整天思考，但没有好处，还不如去学习啊。"

[3.28]（17.8）

子曰："由也，女闻六言六蔽矣夫？"对曰："未也。"

"居！吾语女。好仁不好学，其蔽也愚；好知不好学，其蔽也荡；好信不好学，其蔽也贼；好直不好学，其蔽也绞；好勇不好学，其蔽也乱；好刚不好学，其蔽也狂。"

【注释】

六言：六句话，一言可称为一句话。《史记·魏公子列传》："侯生曾无一言半辞送我。"在《论语》原文（2.2）中也有"一言以蔽之"。

蔽：弊病；概括；蒙蔽。

居：坐下。

女：汝，你。

其蔽也愚（荡、贼、绞、乱、狂。）：其弊病就是愚（荡、贼、绞、乱、狂。）"也"是句中语气词，以引起下文，《荀子·天论》："天不为人之恶寒也辍（chuò）冬。"（辍冬：不要冬天）。愚：愚笨。荡：放纵。贼：害人。绞：偏激伤人。参见【9.21】（8.2）"直而无礼则绞。"乱：扰乱。狂：狂妄。

【译文】

孔子说："仲由，你听说过六句因不爱学习而产生的六种弊病

的话吗？”子路回答说：“没有听说。”

孔子说：“坐下来！我告诉你。爱好仁德却不爱好学习，其弊病就是愚蠢。爱好知识却不爱好学习，这就是放纵。爱讲信任而不爱好学习，这就是害人。爱好直爽不爱学习，这就易偏激伤人。爱讲勇敢而不爱学习就会乱来，胡作非为。爱说刚强却不爱学习，这就是狂妄，目中无人。”

[3.29]（19.7）

子夏曰：“百工居肆以成其事，子学以致其道。”

【注释】

肆：作坊。

【译文】

子夏说：“各种工匠在作坊里从事他们的工作，制作他们的作品，君子通过治学来追求他们的主张、思想、学说。”

[3.30]（19.5）

子夏曰：“日知其所亡，月无忘其所能，可谓好学也已矣。”

【译文】

子夏说：“每天学习一些自己不知道的知识，每月不忘自己已经掌握的知识，这样就可以说是好学了吧。”

[3.31]（19.13）

子夏曰："仕而优则学；学而优则仕。"

【注释】

优：充足、富裕，成语有'优柔寡断'；优良，好。

仕：做官。

【译文】

子夏说："做官者有时间就去学习；学习优秀的人可以做官。"

[3.32]（4.8）

子曰："朝闻道，夕死可矣。"

【译文】

孔子说："早晨明晓了真理，即使晚上死去也是值得的。"

四

【教育思想】

[4.1]（15.39）

子曰："有教无类。"

【译文】

孔子说："对每个人的教育，没有富贵贫贱智力高下之分。"

[4.2]（7.7）

子曰："自行束脩以上，吾未尝无诲焉。"

【注释】

束脩（xiu）：古时称干肉为脩，送给老师的报酬。

以上：表示数量的界线。

【译文】

孔子说："自己交够了学费，我从来没有不给予教诲的。"

[4.3]（6.21）

子曰："中人以上，可以语上也；中人以下，不可以语上也。"

【译文】

孔子说："禀赋在中等水平以上的人，可以告诉他高深的学问；禀赋在中等以下的人，不可能向他讲更高的学问。"

[4.4]（7.8）

子曰："不愤不启，不悱不发。举一隅不以三隅反，则不复也。"

【注释】

愤（fèn）：因愤激而决心努力。

悱（fěi）：想说而不能清楚说出来。

隅（yú）：角落。成语有“向隅而泣”。

反：返回、折回。

【译文】

孔子说：“不到他下决心要弄明白时我不去启发，不到他想说又说不清楚时我不去指点他。举一个例子还不能说出更多的例子来（现今常说举一反三），我就不再重复讲了。

[4.5]（7.2）

子曰：“默而识之，学而不厌，诲人不倦，何有于我哉？”

【注释】

默：不出声、不说话。

识：认识、懂得、并记住，当‘记住’讲时发音为志（zhì）。

厌：满足。

诲：教导、指教。

倦：厌倦、不耐烦。

何有于我：即‘于我有何’。

【译文】

孔子说：“默默去学习并记住知识，学习不能满足，教导别人要耐烦，不能厌倦，这些对于我来说又有什么困难呢？”

[4.6]（7.25）

子以四教：文、行、忠、信。

【译文】

孔子从四个方面教导学生：典籍文献、努力实践、尽心竭力、讲究信用。

[4.7]（7.34）

子曰："若圣与仁，则吾岂敢！抑为之不厌，诲人不倦，则可谓云尔已矣。"公西华曰："正唯弟子不能学也！"

【注释】

抑：连词。表轻微转折。

云尔：如此而已。

【译文】

孔子说："如果说我是圣和仁，那不敢当！只能说做学问永不满足，教导别人不厌倦，只不过如此而已。"公西华说："这正是我们学生做不到的呀！"

[4.8]（7.38）

子温而厉，威而不猛，恭而安。

【译文】

孔子温和而又严厉，威严而不凶猛，恭敬谦逊有礼而又安详。

[4.9]（7.21）

子不语怪、力、乱、神。

【译文】

孔子不谈论怪异、暴力、叛乱、鬼神。

[4.10]（7.24）

子曰："二三子以我为隐乎？吾无隐乎尔。吾无行而不与二三子者，是丘也。"

【注释】

二三子：几个人，指几位学生。

无行：不做。

不与：不授予。

【译文】

孔子说："你们几个学生以为我对你们有什么保留，不教你们，其实我对你们没有什么保留的呀！我是无保留地教你们，这就是我孔某人的为人。"

[4.11]（17.19）

子曰："予欲无言。"子贡曰："子如不言，则小子何述焉？"子曰："天何言哉？四时行焉，百物生焉，天何言焉？"

【注释】

述：记述、陈述，依照、遵循。

【译文】

孔子说："我不打算说什么了。"子贡说："您不说话，那我们记述什么呢？"孔子说："天说了什么话呀？四季照常运行，万物照常生长，天说了什么话呀？"

[4.12]（16.13）

陈亢问于伯鱼曰："子亦有异闻乎？"

对曰："未也。尝独立，鲤趋而过庭。曰：'学《诗》乎？'对曰：'未也。''不学《诗》，无以言。'鲤退而学《诗》。他日，又独立，鲤趋而过庭。曰：'学礼乎？'对曰：'未也。''不学礼，无以立'鲤退而学礼。闻斯二者。"

陈亢退而喜曰："问一得三：闻《诗》，闻礼，又闻君子远其子也。"

【注释】

尝独立：曾经有一回，父亲一人站在庭院。

鲤：孔鲤，字伯鱼。

【译文】

陈亢问伯鱼："您从老师那里得到什么特别的教导吗？"

伯鱼回答说："没有啊，曾经有一回，父亲独自站在庭院里，我匆忙路过庭院，他问我：'学《诗》了吗？'我回答说：'还没有。'他说：'不学《诗》，就不会说话。'我退回去学《诗》。过几天，他又独自站在那里，我又匆忙路过庭院。他问我：'学礼了吗？我回答说：'还没有。'他说："不学礼，就不能立足于社会。'我又退回去学礼。我听到过这么二次。"

陈亢下去高兴地说："我问一个问题，得到了三点收获：知道要学《诗》，要学礼，还知道君子对自己的儿子并不偏爱，与对待我们并没有什么区别。"

[4.13]（9.8）

子曰："吾有知乎哉？无知也。有鄙夫问于我，空空如也。我叩其两端而竭焉。"

【注释】

鄙夫：指乡下人、农夫。

叩：询问。

两端：事情的始末、正反各方面。

竭：完、尽。成语有'竭尽全力'。

【译文】

孔子说："我有知识吗？实在是无知啊。有个庄稼人问我，本来我一点也不知道。我就从他提出的问题始末正反，反问他，从而把问题就彻底搞清楚了。"

[4.14]（9.11）

颜渊喟然叹曰："仰之弥高，钻之弥坚，瞻之在前，忽焉在后。夫子循循然善诱人，博我以文，约我以礼，欲罢不能。既竭吾才，如有所立卓尔。虽欲从之，末由也已！"

【注释】

喟（kuì）然：叹息的样子。

弥（mí）：更加。成语有‘欲盖弥彰’。

循循：有步骤。

博：开阔，宽广。

卓尔：高、高超，优秀卓越。

末由也已：末：末梢；末尾。由：原因。也：句中语气词。已：停止，完毕。四个字连起来可译为终生尽力了。

【译文】

颜渊叹声说：“老师的学问，抬头望去，愈望愈高；钻研起来，愈钻愈深；看起来似在眼前，忽然又在后面。老师有步骤的教导我们，以文献典籍开阔我们的知识，以礼来约束我们的行为，使我想停止学习都做不到。我已竭尽全力，好像还有高高的山矗立在前。我一直想攀登上去，看来只能尽力终生了！”

[4.15]（11.22）

子路问：“闻斯行诸？”子曰：“有父兄在，如之何其闻斯行之？”

冉有问：“闻斯行诸？”子曰：“闻斯行之！”

公西华曰：“由也问；‘闻斯行诸？’子曰；‘有父兄在。’求也问，‘闻斯行诸？’子曰：‘闻斯行之！’赤也惑，敢问？”子曰：“求也退，故进之；由也兼人，故退之。”

【注释】

退：谦让，退缩。

兼：同时能做几件事，能力强，敢作敢为。成语有“兼听则明”。

【译文】

子路（由）问：“是不是听了就做？”孔子说：“还有父兄在，

怎么能听到就做呢？”

冉有（求）问：“是不是听到了就做？”孔子说：“听了就做！”

公西华（赤）说：“仲由问‘是不是听了就做？’您说‘还有父兄在。’，冉求问‘是不是听了就做，’你说：‘听了就做！’我感到大惑不解，大胆问您，这是怎么一回事。”孔子说：“冉求谦让、退缩，所以鼓励他上前；仲由呢，胆子大，敢作敢为，所以要他慎重点。”

[4.16]（11.20）

子张问善人之道。子曰：“不践迹，亦不入于室。”

【注释】

道：途径、方法，措施。

践迹：踩踏足迹。

不入于室：不能修养到家。

【译文】

子张问关于做个善良人的方法。孔子说：“不向前人学习，就难于修养到家。”

[4.17]（13.9）

子适卫，冉有仆。子曰：“庶矣哉！”

冉有曰：“既庶矣，又何加焉？”曰：“富之。”

曰：“既富矣，又何加焉？”曰：“教之。”

【注释】

适：到……去。

仆：驾车的人。

庶：众；百姓。

既：已经。

【译文】

孔子到卫国去，冉有驾车。孔子说："卫国人真多啊！"

冉有说："人已经多了，下一步该做什么？"孔子说："使他们富裕。"

冉有又说："已经富裕起来后，又该怎么办？"孔子说："对他们进行教育。"

[4.18]（14.7）

子曰："爱之，能勿劳乎？忠焉，能勿诲乎？"

【译文】

孔子说："爱他，能不让他勤劳吗？对他尽心竭力，能不教诲他吗？"

[4.19]（16.9）

孔子曰："生而知之者，上也；学而知之者，次也；困而学之，又其次也。困而不学，民斯为下矣！"

【注释】

困：知识贫乏。

【译文】

孔子说："生来就知道，是上等；经过学习才知道的，次一等；因知识贫乏而学习，是再次一等；知识贫乏还不学习的人为最下等！"

[4.20]（13.29）

子曰："善人教民七年，亦可以即戎矣。"

【注释】

即戎：立即、马上上战场。戎：士兵、军队。

【译文】

孔子说："善良的人用七年教导出民众，就可以当兵打仗了。"

[4.21]（13.30）

子曰："以不教民战，是谓弃之。"

【译文】

孔子说："用没有受过军事教育、军事训练的民众去打仗，这等于说让他们白送命。"

[4.22]（19.12）

子游曰："子夏之门人小子，当洒扫、应对、进退，则可矣，抑末也。本之则无，如之何？"

子夏闻之，曰："噫！言游过矣！君子之道，孰先传焉？孰后倦焉？譬诸草木，区以别矣。君子之道，焉可诬也？有始有卒者，其惟圣人乎！"

【注释】

当：掌管，承担。

则：是，就是。当连词用：便，那么。

抑：连词，表轻微转折。

倦：厌烦。劳累。诲人不倦的倦，此处有教诲之意。

卒：结束、终。

【译文】

子游说："子夏的学生，让他们做一些洒水扫地，接送客人这样一些事情，是可以的，但究竟这些是小事呀。那些根本的知识学不到，这怎么行呢？"

子夏听到后，说："咳！子游的话说得太重了！对于君子之道这些知识，哪些先讲，哪些放在后面传授，就如同草木，要加以区别。对于君子之道这些根本知识，怎么能够歪曲呢？先浅后深、先末后本、有始有终的教育学生，大概只有圣人吧！"

[4.23]（17.3）

子曰："唯上知与下愚不移。"

【注释】

知（zhì）：通'智'。聪明、智慧。

【译文】

孔子说："只有上等聪明人和下等愚笨人是不会改变的。"

[4.24]（17.25）

子曰：“唯女子与小人为难养也！近之则不孙，远之则怨。”

【注释】

养：教育，养活。

孙（xùn）：通‘逊’。谦逊，恭顺。

【译文】

孔子说：“只有女人和小人难于教育，太亲近，他们就会显得无礼，太疏远，又要怨恨。”

[4.25]（5.26）

颜渊、季路侍。子曰：“盍各言尔志？”

子路曰：“愿车马衣轻裘与朋友共，敝之而无憾。”

颜渊曰：“愿无伐善，无施劳。”

子路曰：“愿闻子之志！”

子曰：“老者安之，朋友信之，少者怀之。”

【注释】

盍：（he）何不。

尔：你们。

车马衣轻裘：原为‘车马衣裘’，其中‘轻’字为后人添加。

敝：破旧，坏。

伐：功劳，夸耀。《庄子 · 山本》‘自伐者无功。’

施劳：散布、宣扬功劳。施：散布、宣扬。劳：功劳。

【译文】

颜渊、子路陪在孔子旁边。孔子说："何不各自谈谈你们的志向呢？"

子路说："情愿将自己的车马和好衣服与朋友共同使用，即使坏了也不遗憾。"

颜渊说："但愿不自夸自己的优点，不四处散布自己的功劳。"

子路说："想听听您老师的愿望！"

孔子说："愿老人安乐，朋友信任我，年轻人得到关怀。"

[4.26]（11.26）

子路、曾晳、冉有、公西华侍坐。

子曰："以吾一日长乎尔，毋吾以也。居则曰：'不吾知也！'如或知尔，则何以哉？"

子路率尔而对曰："千乘之国，摄乎大国之间，加之以师旅，因之以饥馑；由也为之，比及三年，可使有勇，且知方也。"

夫子哂之。

"求！尔何如？"

对曰："方六七十，如五六十，求也为之，比及三年，可使足民。如其礼乐，以俟君子。"

"赤！尔何如？"

对曰："非曰能之，愿学焉。宗庙之事，如会同，端章甫，愿为小相焉。"

"点！尔何如？"

鼓瑟希，铿尔，舍瑟而作。对曰："异乎三子者之撰！"

子曰："何伤乎？亦各言其志也。"

曰："莫春者，春服既成，冠者五六人，童子六七人，浴乎沂，风乎舞雩，咏而归。"

夫子喟然叹曰："吾与点也！"

三子者出，曾皙后。曾皙曰："夫三子者之言何如？"

子曰："亦各言其志也已矣！"

曰："夫子何哂由也？"

曰："为国以礼，其言不让，是故哂之。"

"唯求则非邦也与？"

"安见方六七十如五六十而非邦也者？"

"唯赤则非邦也与？"

"宗庙会同，非诸侯而何？赤也为之小，孰能为之大？"

【注释】

长乎尔：比你们年长。长（zhǎng）：年纪大的，与'幼'相对。

尔：你，你们。

毋吾以也：不要因我在呀。意思是不要因我在，你们就不敢说话。毋：不要。吾：我。以：原因。

居则曰：坐下便说。居：坐下，则：就。在此可以理解为平时你们常说。

率尔：轻率的样子。

摄乎大国之间：战战兢兢地夹在大国中间。摄：通'慑'，恐惧，害怕。

加之以师旅：外部有武装侵略。加之：强加的。

饥馑：饥荒，年成不好。当二个字分开将时，五谷没有收成叫'饥'，蔬菜和野菜都吃不上叫'馑'。但二个字连用时'饥馑'无区别。

知方：懂得办法。

哂（shěn）：微笑，此处引申为讥笑。

方六七十：方圆六七十里。方是古时面积的用语。

宗庙之事：祭祀的事情。

如会同：诸侯共同相会见，会：会面，聚会。同：共同一起。

端章甫：戴正孔帽。端：端正，整理。章甫：古代的一种冠，亦作章父。

小相：古代主持礼节仪式的人。

铿尔：象声词。铿（kēng）的一声。

撰（xuān）：通‘选’，选择。

莫：通‘暮’，傍晚。

沂：沂水，在今山东的曲阜南。

风乎舞雩（yú）：迎着春风跳舞作乐。舞雩：鲁国祭天求雨的地方，在今山东曲阜县。

喟（kuì）：叹息。

安见：哪里见过。

【译文】

子路（仲由）、曾皙（点）、冉有（求）、公西华（赤）四个弟子陪同孔子坐着。

孔子说："我比你们年长，不要因为这就不敢说话啊，你们平时常说，'没有人了解我呀！'如果有人了解你们，打算启用你，打算怎么办呀？"

子路不加思索地张嘴就说："有一个千乘之国，夹在几个大国之间，外面有军队侵犯，国内又有饥荒。我去治理它，只要三年，就可以使那里人人有勇气，个个有办法。"

孔子带点讥笑。

孔子又问："冉求！你打算怎么样？"

冉求答道："方圆六七十里或者五六十里的小国，我去治理，只要三年，可以使百姓衣食充足，象国家的礼乐之事，等待君子来治理。"

孔子又问："公西赤！你有什么打算呢？"

公西赤答道："我不敢说自己有什么本事，愿意学着干吧。象祭祀、诸侯相会，做些整理礼帽，管理礼仪一些事情，做一个小司仪吧。"

孔子又问："曾点！你怎么样？"

曾皙弹琴正近尾声，铿地一声，放下琴，站立起来回答道："我与他们三个人不一样！"

孔子说："有什么关系嘛？只是讲讲各人的志向嘛。"

曾皙说："暮春季节，春天的衣服身上一穿，约上五六个人，再带上六七个小孩，在沂水旁边沐浴玩水，迎着春风跳着舞，唱着歌，玩得尽心后就边唱边跳走回来。"

孔子叹息道："我赞同曾点的主张呀！"

子路，冉有、公西华三个人都出去了，曾皙最后走。曾皙问孔子："他们三个人的话怎么样？"

孔子说："只不过是各人谈谈各人的志向而已。"

曾皙又问："那您为什么笑仲由呢？"

孔子说："治理国家要讲究礼让，而他的话一点都不谦让，所以我笑他。"

曾皙又说："冉求讲的不是国家呀？"孔子说："哪里有方圆六七十里或五六十里还不算一个国家吗？"

曾皙问："公西赤谈的不是国家吧？"

孔子说："有祭祀的宗庙，有诸侯的相会，不是诸侯国又是什么呢？公西赤说是当小司仪，那大司仪又是谁呢？"

[4.27]（13.20）

子贡问曰："何如斯可谓之士矣？"子曰："行己有耻，使于四方，不辱君命，可谓士矣。"

曰："敢问其次？"曰："宗族称孝焉，乡党称弟焉。"

曰："敢问其次？"曰："言必信，行必果；硁硁然小人哉！抑亦可以为次矣。"

曰："今之从政者何如？"子曰："噫！斗筲之人，何足算也！"

【注释】

辱：侮辱。

弟：通'悌'，尊敬兄长。

硁硁（kēng）：浅陋固执的样子。

斗筲（shāo）：形容才识短浅。筲：一种竹器。《后汉书·礼仪志下》"筲八盛，容三升。"

【译文】

子贡问："怎样才能称得上士呢？"孔子说："能用耻辱之心约束自己的行动，出使国外，能不辜负君主的使命，就可以称得士了。"

子贡又问："冒昧再请教这次一等级的士是什么样？"孔子说："宗族里称赞他孝顺长辈，家乡人称赞他尊敬兄长辈。"

子贡再问："冒昧再请教这再次等的士又是什么样。"孔子说："说话必须讲信用，行动要果断，做事要有结果。这可能只算是浅薄固执的小人吧！但还是可以称为士。"

子贡问："现在执政的这些人怎么样？"孔子说："咳！这是些才识短浅的小人，不值一提！"

[4.28]（8.7）

曾子曰："士，不可以不弘毅，任重而道远。仁以为己任，不亦重乎？死而后已，不亦远乎？"

【注释】

弘毅：心胸宽广，意志刚强。弘：光大。毅：意志坚定。

已：停止，完毕。

【译文】

曾子说："读书人不可以不心胸宽阔，意志刚坚，他们的责任重大，道路遥远。把实现天下仁德放在自己肩上，这个担子还不重大吗？为了这个目标要花费自己毕生精力，难道这路途还不遥远吗？"

[4.29]（9.14）

子欲居九夷。或曰："陋，如之何？"子曰："君子居之，何陋之有？"

【注释】

九夷：古时泛指东部各民族地区。

陋：边远地区；简陋。

如之何：到那个地方，怎样。

【译文】

孔子想到九夷去居住。有人说："那个地方那么简陋，怎么去哪里？"孔子说："君子去居住，还会有什么简陋呢？"

[4.30]（9.26）

子曰："三军可夺帅也，匹夫不可夺志也。"

【注释】

三军：周朝制度，诸侯大国可以拥有三军。三军泛指军队。

匹夫：泛指平常人、老百姓。

【译文】

孔子说："军队可以使它丧失主帅，一个人却不能被强迫改变志向。"

[4.31]（4.9）

子曰："士志于道，而耻恶衣恶食者，未足与议也。"

【注释】

恶：坏，不好。

足：配、值得。

【译文】

孔子说："有志于追求真理的读书人，却以衣食不好为耻辱，这种人就不值得与他讨论。"

[4.32]（4.10）

子曰：“君子之于天下也，无适也，无莫也，义之于比。”

【注释】

适：恰好。

莫：不能，不要。

义：合适的道理、道德、行为。

比：比较。

【译文】

孔子说：“君子对于天下的事情，没有什么恰好不差半毫的，也没有什么一定不能去做的，而是要与合适的道理、道德和行为去进行比较，然后再确定怎么做。”

[4.33]（10.8）

食不厌精，脍不厌细。

食饐而餲，鱼馁而肉败，不食。色恶，不食。臭恶，不食。失饪，不食。不时，不食。割不正，不食。不得其酱，不食。

肉虽多，不使胜食气。

唯酒无量，不及乱。

沽酒市脯，不食。

不撤姜食，不多食。

【注释】

脍（kuài）：细切（鱼或肉）。

饐（yì）：食物经久腐臭。

餲（ài）：食物经久变味。

馁（neì）：同‘馁（餒）’。鱼腐败，不新鲜。

失饪：烹饪出错。失：过失。

胜食（shí）气（xì）：超过主食的量。胜：超过。食气：五谷之气。

市脯（fǔ）：市场上买的干肉。

【译文】

粮食不嫌舂的精，鱼和肉不嫌切的细，

食物经久变质，鱼肉腐烂变坏，不能吃。食物变色，不能吃。食物气味难闻，不能吃。烹饪出错，不吃。过时食品，不吃。酱（调味品）放得不恰当，不吃。

席上肉食虽多，但吃的量不得超过主食。

饮酒可不限量，但不能饮到醉的地步。

从集市买来的酒和干肉不吃。

姜不撤除，不多吃。

[4.34]（10.9）

祭于公，不宿肉。祭肉不出三日。出三日，不食之矣。

【注释】

祭于公，不宿肉：古代的大夫、士参加祭祀，待到祭典完毕后，可得到一份祭肉，这些肉从宰杀到分领，经过两三天时间，已经不新鲜，因此拿回家不能再存放一夜。

祭肉：指家祭时用的肉。

【译文】

参加祭祀典礼分得的肉不能再留着过夜了再吃。家里的祭肉也不得超过三天，过三天的祭肉，不能吃了。

[4.35]（10.10）

食不语，寝不言。

【译文】

吃饭时不说话，睡觉时不言语。

[4.36]（10.16）

康子馈药，拜而受之，曰："丘未达，不敢尝。"

【注释】

馈（kuì）：赠送。

达：通晓。

【译文】

季康子送药给孔子，孔子叩拜着接受了药，并说："我对这种药还不了解，不敢吃。"

[4.37]（7.27）

子钓而不纲，弋不射宿。

【注释】

纲（gāng）：鱼网上的总绳。

弋（yì）：用带有绳子的箭射。

宿：已经归巢歇宿的鸟。

【译文】

孔子钓鱼，而不用大网捕鱼；孔子射鸟，却不射栖息巢中的鸟。

五

【仁德之道】

[5.1]（12.22）

樊迟问仁。子曰：“爱人。”问知。子曰：“知人。”

樊迟未达。子曰：“举直错诸枉，能使枉者直。”

樊迟退，见子夏，曰：“乡也吾见于夫子而问知；子曰：‘举直错诸枉，能使枉者直。’何谓也？”

子夏曰：“富哉言乎！舜有天下，选于众，举皋陶，不仁者远矣。汤有天下，选于众，举伊尹，不仁者远矣。”

【注释】

知（zhì）：通‘智’，聪明，智慧。

知（zhī）人：了解人，识别人，用好人。

达：通晓。

错：通‘措’。放置，安放。

枉：不正直，与‘直’相对。

乡（xiàng）：从前，过去。

皋陶（gǎo yáo）：传说中舜时贤臣。参见【10.23】注释。

伊尹：商时的宰相，辅佐过灭夏兴商。

【译文】

樊迟问什么是仁，孔子说“爱人。”樊迟又问什么是智，孔子说“善于识别人，用好人。”

樊迟不理解。孔子说：“把正直的人提拔起来，使他们的地位在邪恶人之上，这就会使邪恶的人正直起来。”

樊迟退下去，见子夏说：“这之前，我问过老师，什么是智，老师说：‘提拔正直的人并把他们放在邪恶的人之上，这就可以使邪恶的人正直起来。’这句话是什么意思？”

子夏说：“这句话含义深刻的很呀！舜有了天下，在众人中挑选皋陶重用，那些不仁的人就远离了。汤有了天下，在众人中挑选了伊尹重用，那些不仁的人也就远离了。”

[5.2]（13.19）

樊迟问仁。子曰：“居处恭，执事敬，与人忠。虽之夷狄，不可弃也。”

【注释】

夷狄：古时我国东方和北方少数民族。

【译文】

樊迟问什么是仁，孔子说：“在家恭敬谦逊，办理事情严肃认真，对待别人忠实诚恳。即使在少数民族地区，也不背弃。”

[5.3]（6.22）

樊迟问知。子曰：“务民之义，敬鬼神而远之，可谓知矣。”

问仁。曰：“仁者先难而后获，可谓仁矣。”

【译文】

樊迟问什么是智，孔子说：“为老百姓做合乎道理、讲究道德的事情，尊敬鬼神但远离它，这样才称得上聪明。”

樊迟又问什么是仁。孔子说：“有仁德的人对艰难的事情抢在别人前面做，对能获得奖赏的事便退居在别人的后面，这样就可以算仁德啦。”

[5.4]（12.1）

颜渊问仁。子曰:“克己复礼为仁。一日克己复礼,天下归仁焉。为仁由己，而由人乎哉？”

颜渊曰：“请问其目？”子曰：“非礼勿视，非礼勿听，非礼勿言，非礼勿动。”颜渊曰：“回虽不敏，请事斯语矣！”

【注释】

克己：克制自己。

目：条目。

不敏：不才。敏：聪明机智。

请事斯语：请求您允许我去为实践这些话效力。请事：请允许我做。斯语：这些话。

【译文】

颜渊问什么是仁德，孔子说：“克制自己，使自己的语言行动符合礼，这就是仁。一旦能做到这条，天下的人就都会称颂你是一个仁人。要做到这条全靠自己，哪能靠别人呢？”

颜渊说：“请问实现仁的条目。孔子说：“不合于礼的东西不看，不合于礼的话不听，不合于礼的话不说，不合于礼的事不做。”

颜渊说：“我即使不才，请您相信我，我会按照您的这番话切实去做。”

[5.5]（12.2）

仲弓问仁。子曰:“出门如见大宾，使民如承大祭。己所不欲，勿施于人。在邦无怨，在家无怨。”

仲弓曰：“雍虽不敏，请事斯语矣！”

【注释】

邦：诸侯封国。

家：在诸侯封国中大夫传统的封地称家。

【译文】

仲弓问什么是仁。孔子说："出门时就像去接见贵宾一样严肃庄重，管理百姓就像承担什么大的祭祀活动一样严肃认真。自己不喜欢的，不要强加别人。无论在诸侯国中，还是在卿大夫的封地范围内，不要结下怨恨。

仲弓说："我虽不才，请您相信我，我会按照您的这番话切实去做。"

[5.6]（12.3）

司马牛问仁。子曰："仁者，其言也讱。"

曰："其言也讱，斯谓之仁已乎？"子曰："为之难，言之得无讱乎？"

【注释】

讱（rěn）：说话迟钝。在此引申为说话谨慎。

【译文】

司马牛问什么是仁。孔子说："仁者，说话时谨慎。"

司马牛说："说话谨慎，这就叫仁了吗？"孔子说："做起来不容易，说起话来能不谨慎吗？"

[5.7]（17.6）

子张问仁于孔子。孔子曰："能行五者于天下，为仁矣。"

"请问之？"曰："恭、宽、信、敏、惠。恭则不侮，宽则得众，信则人任焉，敏则有功，惠则足以使人。"

【译文】

子张问孔子怎样才是仁。孔子说"能够在天下实行五种品德的，就是仁了。"

子张问："请问是哪五种？"孔子说："恭敬有礼、宽宏大量、诚实信用、聪明机智、恩惠慈爱。恭敬就不会受到侮辱，宽厚就会得到大家拥护，诚实就会得到别人信任，机智容易获得成功，恩惠就能更好地役使人。"

[5.8]（6.7）

子曰："回也，其心三月不违仁，其余，则日月至焉而已矣。"

【注释】

三月：指长时间。

则：连词，用在对比句中。

日月：与"三月"对比，表示时间短。

【译文】

孔子说："颜回呀！他的思想长时间不离开仁德。而其他的弟子，只是短时间想到仁罢了。"

[5.9]（19.6）

子夏曰："博学而笃志，切问而近思，仁在其中矣。"

【注释】

笃（dǔ）志：意志坚定。

切问：恳切、诚恳的提出疑问。

近思：联系实际去思考。

【译文】

子夏说："努力学习，知识面广，且能坚守自己的志向，诚恳地提出问题且联系实际去思考，仁就在里面了。"

[5.10]（13.27）

子曰："刚、毅、木、讷，近仁。"

【注释】

毅：意志坚定，果断。

木：质朴，朴实。

讷（nè）：语言迟钝，不善于讲话。当说话谨慎讲。

【译文】

孔子说："刚强、坚定、朴实、谨慎，这些品德是接近仁的。"

[5.11]（18.1）

微子去之，箕子为之奴，比干谏而死。孔子曰："殷有三仁焉！"

【注释】

微子：商纣王的同母兄长，名启。纣王无道，微子辞职隐去。

箕（jī）子：商纣王的叔父，名胥余。因进谏纣王不听，故意装疯，

被降为奴隶。

比干：商纣王叔父。他力谏纣王，被纣王剖心而死。

【译文】

商纣王暴虐无道，微子隐居而去，箕子装疯为奴，比干力谏剖心而死。孔子说："殷朝有三位仁人啊！"

[5.12]（8.1）

子曰："泰伯，其可谓至德也已矣。三以天下让，民无得而称焉。"

【注释】

泰伯：又叫太伯，周朝祖先古公亶（dǎn）父的长子。古公亶父有三个儿子：太伯、仲雍、季历。季历的儿子就是姬昌（周文王）。传说古公预见姬昌有圣德，就想把君位传给三儿子季历。长子太伯为使父亲的愿望实现，便偕同仲雍出走他国，使季历和姬昌得以顺利继位。

至：极、最。达到顶点。

【译文】

孔子说："泰伯的品德是最高的。他多次将天下让给弟弟，老百姓无法用适当语言称颂他。

[5.13]（14.16）

子路曰："桓公杀公子纠，召忽死之，管仲不死。"曰："未仁乎？"子曰："桓公九合诸侯，不以兵车，管仲之力也。如其仁！

如其仁！”

【注释】

召忽：公子纠的家臣。

管仲：名夷吾、字仲。齐桓公（公子小白）在位时，管仲为相，对齐国实施重大改革，使齐国振兴，征服了晋、楚、宋、郑等国。辅佐齐桓公成为春秋时期第一霸主。

九合诸侯：多次召集诸侯共商会盟。古代汉字中“九”与“三”表示多次，往往不是具体的次数。

【译文】

子路说：“齐桓公杀了哥哥公子纠，公子纠的家臣召忽自杀以殉主人，公子纠的另一个家臣管仲没有跟着死。”又说：“管仲算不上仁吧？”孔子说：“齐桓公多次召集诸侯共商会盟，不依仗武力，都是管仲出了大力，这就是管仲的仁！这就是管仲的仁啊！”

[5.14]（14.17）

子贡曰：“管仲非仁者与？桓公杀公子纠，不能死，又相之。”子曰：“管仲相桓公，霸诸侯，一匡天下，民到于今受其赐。微管仲，吾其被发左衽矣！岂若匹夫匹妇之为谅也，自经于沟渎而莫之知也！”

【注释】

微：如果不是，如果没有。

被：通‘披’。

左衽：衣襟向左边开，这是当时少数民族的打扮，形容落后。

自经：自缢，上吊自杀。经：上吊。

沟渎：小沟小渠。渎：小沟渠。

莫：没有什么，没有谁。

【译文】

子贡说："管仲算不上是仁人吧？齐桓公杀了他的主人公子纠，他不但不为主人殉死，反而去辅佐桓公。"孔子说"管仲辅佐齐桓公，使其称霸诸侯，天下得到匡正，老百姓到今天还享受着好处。如果没有管仲，我们大概还是披着头发，衣襟向左边开的那种落后民族！难道为了取得普通男女的谅解，就去上吊自杀、尸体被扔在臭沟里，还没有人知道就对呀！"

[5.15]（7.15）

冉有曰："夫子为卫君乎？"子贡曰："诺；吾将问之。"

入，曰："伯夷、叔齐何人也？"曰："古之贤人也。"曰："怨乎？"曰："求仁而得仁，又何怨！"出，曰："夫子不为也。"

【注释】

为（wèi）：帮助，替。

卫君：蒯辄（kuai zhé），卫灵公的孙子，太子蒯聩（kuì）的儿子，太子蒯聩因得罪卫灵公夫人南子而逃往晋国。卫灵公死后，蒯辄立为君主。晋国故意把蒯聩送回卫国，引发父子争夺君位，以乘机侵略卫国。关于这个故事可见[10.36]条[注释]。诺（nuò）：答应的声音，表示同意。

伯夷、叔齐：商朝末年孤竹君的两个儿子，孤竹君死后，二人互相让君位而出逃。这里是与蒯聩、蒯辄父子争夺君位相对照。子贡问此问题以探知孔子对卫君蒯辄的态度。

【译文】

冉有对子贡说："老师会帮助卫君吗？"子贡说："好吧，我去问问老师。"

子贡进去问孔子说："伯夷、叔齐是怎样的人啊？"孔子回答说："古代的贤人啊。"子贡又问："他们互相谦让君位而出逃，心里有怨恨吗？"孔子回答说："他们互相谦让君位谋求仁德得到了仁德，有什么可怨恨的呢？"

子贡出来后，对冉有说："老师不会去帮助卫君。"

[5.16]（14.6）

子曰："君子而不仁者有矣夫，未有小人而仁者也。"

【译文】

孔子说："君子有不仁义的人，不会有小人却仁义的。"

[5.17]（3.3）

子曰："人而不仁，如礼何？人而不仁，如乐何？"

【注释】

而：连词，有'如果、却'的含义。

如礼何：如何礼。

【译文】

孔子说："做人，没有仁爱之心，礼仪对他还有什么用？做人没有仁爱之心，音乐对他还有什么用？"

[5.18]（6.17）

子曰："谁能出不由户？何莫由斯道也？"

【注释】

户：单扇的门，泛指门。

莫：没有谁。

斯道：此道（指仁义之道）。

【译文】

孔子说："谁能不经过门走出户呢？可为什么没有人在这条大道上走呢？"

[5.19]（4.1）

子曰："里仁为美。择不处仁，焉得知？"

【注释】

里：古代一种居民组织，先秦以二十五家为一里，乡里，家乡。这里指居住之地。

处：居住。

知（zhì）：通'智'、聪明。

【译文】

孔子说："人居住在有仁德的地方最好。如果选择在没有仁德的地方居住，怎么算得上聪明呢？"

[5.20]（4.2）

子曰："不仁者，不可以久处约，不可以长处乐。仁者安仁，知者利仁。”

【注释】

约：节俭，约束。

安：安心。

【译文】

孔子说：“不仁的人不可能长久受仁德规范，也不可能长久处在快乐之中。有仁德的人安于仁德，聪明的人做有利于仁德的事。”

[5.21]（4.3）

子曰：“唯仁者能好人，能恶人。”

【译文】

孔子说：“只有仁德的人能够喜爱人，也能厌恶人的恶习。”

[5.22]（4.4）

子曰：“苟志于仁矣，无恶也。”

【注释】

苟：如果。

【译文】

孔子说：“如果诚心立志实行仁德，就不会做出使人厌恶的事情。”

[5.23]（4.5）

子曰：“富与贵，是人之所欲也；不以其道得之，不处也。

贫与贱，是人之恶也；不以其道得之，不去也。君子去仁，恶乎成名？君子无终食之间违仁，造次必于是，颠沛必于是。”

【注释】

不处也：不停留。
不去也：不前往。
恶乎：从哪里，在哪里。
终食：一顿饭。
造次：匆忙；鲁莽。
颠沛：穷困，受挫折。

【译文】

孔子说“财富与地位，是人人向往的，但以不正当方法取得的，君子是不会要的。贫穷与卑贱，是人人所厌恶的，如果以不正当的手段摆脱贫贱，君子也是不会这么去干的。君子如果舍弃了仁，又怎么可以称为君子呢？君子哪怕是一顿饭的功夫也不会违仁，匆忙之时是这样，颠沛流离穷困之时也是如此。”

[5.24]（4.6）

子曰：“我未见好仁者，恶不仁者。好仁者，无以尚之；恶不仁者，其为仁矣，不使不仁者加乎其身。有能一日用其力于仁矣乎！我未见力不足者。盖有之矣，我未之见也。”

【注释】

无以尚之：崇尚无比。
盖（gài）：大概。
未之见：未见之。

【译文】

孔子说："我没有见过喜欢仁的人讨厌不仁的人。喜欢仁的人对仁崇尚无比；讨厌不仁的人，只是为了实现仁德，不让不仁的人对自己有不好的影响。人是有能力用一天时间致力于仁德的啊！我未见过力量不够的人，大概有这种人吧，只是我没有见过。"

[5.25]（4.7）

子曰："人之过也，各于其党。观过，斯知仁矣。"

【注释】

党：集团，类别，当这种意义讲时在古时只用于贬义。

斯：连词。那么，就。

【译文】

孔子说："人们的过错，按其情况可归属于各个类别。只要看一看这种错误，就可以知道他属于哪一类品德的人。

[5.26]（9.1）

子罕言利与命，与仁。

【注释】

罕：稀少。

与：第一个'与'是连词，和；第二个'与'为赞许。此条'与'的用法和[2.18]（5.9）相同。

【译文】

孔子很少谈功利和天命，赞美仁德。

[5.27]（15.35）

子曰："民之于仁也，甚于水火。水火，吾见蹈而死者矣，未见蹈仁而死者也。"

【译文】

孔子说："百姓对于仁德的要求，比对于水火的要求更迫切。我看见有人踩在水和火里面死去的，但没有看见过为实现仁德而死的。"

[5.28]（9.29）

子曰："知者不惑，仁者不忧，勇者不惧。"

【译文】

孔子说："聪明的人没有疑惑，仁德的人没有忧愁，勇敢的人没有畏惧。"

[5.29]（17.1）

阳货欲见孔子，孔子不见，归孔子豚。

孔子时其亡也，而往拜之。遇诸涂。

谓孔子曰："来！予与尔言。"曰："怀其宝而迷其邦，可谓仁乎？"曰："不可。""好从事而亟失时，可谓知乎？"曰："不可。日月逝矣！岁不我与！"

孔子曰："诺，吾将仕矣！"

【注释】

阳货：又称作阳虎，鲁国季氏的家臣。此时他掌握了季氏的实权，后在争权斗争中失败，逃往晋国。

归孔子豚：馈送孔子小猪。归：同‘馈’。豚（tǔn）：小猪，猪。古代礼节，大夫赠送礼物给士，如果不在家里当时接收，士就应该去大夫家里当面致谢。阳货送礼给孔子，目的是让孔子回拜时与他相见，以劝孔子出来当官。但孔子不愿见阳货，所以趁阳货不在家的时候去回拜阳货。

时其亡也：趁阳货不在家的时候去回拜。亡：不在，出外。

遇诸涂：在阳货行走的路上相遇。涂：通途。诸：第三人称代词，指阳货。

予与尔言：我跟你说。予：我，指阳虎。尔：你，指孔子。

亟（qì）：屡次。

岁不我与：即‘岁不与我’，岁月不等人。岁：时光。与：给予。

【译文】

阳货想要孔子去拜见他，孔子不想去，他就送了一只小猪给孔子，使孔子不得不去他家拜谢。

孔子趁阳货不在家时去拜访他。不巧两人在路上相遇。

阳货对孔子说：“来，我有话跟你说。”接着说：“自己身怀本领而听任国家迷失方向，这称得上是仁德吗？”他又说：“这不能算仁德吧。”接着说下去：“有人想从政，而又屡屡错过机会，这称得上是有智慧的聪明人吗？”阳货补充说：“不能算吧。时光一天天流逝，岁月可不等人呀！”

孔子说：“好吧，我准备出来做官。”

[5.30]（15.10）

子贡问为仁。子曰：“工欲善其事，必先利其器。居是邦也，事其大夫之贤者，友其士之仁者。”

【注释】

是：指示代词。这个。

【译文】

子贡问怎么样实行仁德。孔子说："工匠要想做好他的活儿，一定要先使手中的工具锋利。居住在这个国家，就要为那些大夫中的贤者服务，与那些士中的仁人交朋友。"

[5.31]（15.9）

子曰："志士仁人，无求生以害仁，有杀身以成仁。"

【译文】

孔子说："志士仁人，不因贪生而损害仁德，只会用勇于牺牲自己来保全仁德。"

[5.32]（6.23）

子曰："知者乐水，仁者乐山；知者动，仁者静；知者乐，仁者寿。"

【译文】

孔子说："聪明的人喜欢水，有仁德的人喜爱山；聪明的人爱好活动，有仁德的人表现沉静；聪明的人心情愉快舒畅，有仁德的人健康长寿。"

[5.33]（5.19）

子张问曰："令尹子文三仕为令尹，无喜色；三已之，无愠色。

旧令尹之政，必以告新令尹。何如？”子曰：“忠矣。”曰：“仁矣乎？”曰：“未知，焉得仁？”

“崔子弑齐君，陈文子有马十乘，弃而违之。至于他邦，则曰，‘犹吾大夫崔子也。’违之。之一邦，则又曰：‘犹吾大夫崔子也。’违之。何如？”子曰：“清矣。”曰：“仁矣乎？”曰：“未知，焉得仁？”

【注释】

令尹：官名。楚国的宰相称作令尹。

子文：人名。姓斗，名谷於菟（tú），字子文。

三已之：数次免职。已：停止，完毕。

愠（yùn）：怨恨，生气。

崔子杀齐君：齐国大夫崔杼（zhù）杀死国君齐庄王。弑：地位低的人杀地位高的人称为弑。

陈文子：人名。齐国大夫，名须无。

弃而违之：将马车十乘舍弃离开齐国。违：走开，避开。

【译文】

子张问道：“楚国宰相子文多次任命为宰相，看不见他有多高兴的神色；多次被罢官，也看不见他有怨恨的样子。每次卸任，一定将上届的政事原原本本告诉接任的新宰相，您看子文这个人怎么样？”孔子说：“可算是忠于职守吧。”子张又问：“算得上有仁德吗？”孔子说：“不知道，怎样才算有仁德呢？”

子张又问道：“齐国大夫崔杼杀死了国君，齐国的大夫陈文子舍弃十乘马车，离开齐国到了别国。陈文子说：‘这里的当权者跟我们的大夫崔杼一个样。’于是又到了另一个国家，陈文子又说：‘这里的当权者还是跟我们的大夫崔杼一个样。’于是再次离开了。请问这个人怎么样？”孔子说：“算是很清白。”子张又问：“算得上仁德吗？”孔子说：“不知道，怎样才有仁德呢？”

[5.34]（7.30）

子曰：“仁远乎哉？我欲仁，斯仁至矣！”

【译文】

孔子说：“仁德难道离我们很远吗？我想做到仁德，那么仁德就会到来！”

[5.35]（6.30）

子贡曰：“如有博施于民而能济众，何如？可谓仁乎？”子曰：“何事于仁，必也圣乎！尧、舜其犹病诸！夫仁者，己欲立而立人，己欲达而达人。能近取譬，可谓仁之方也已。”

【注释】

犹病：仍然担心，忧虑。

近取譬：用自己来打比方并推己及人。

【译文】

子贡说“有人能广泛的给百姓好处，救济他们，这个人怎么样？可算是仁吧？”孔子说：“不仅是仁人！必定是圣人！尧、舜都难做到呀！仁人呀，自己想建树的也帮助别人建树，自己想得到也帮助别人得到。这种用自己来对照并推及别人身上的办法，可以说是实行仁的方法。”

[5.36]（16.12）

齐景公有马千驷，死之日，民无德而称焉。伯夷、叔齐饿于首阳之下，民到于今称之。其斯之谓与？

【注释】

驷（sì）：同驾一辆车的四匹马。

【译文】

齐景公有马匹四千，富裕得很，死的时候，百姓觉得他没有德行值得称颂。伯夷、叔齐饿死在首阳山，百姓至今还在称颂他们。大概就是这个说法吧？

六 【孝悌之道】

[6. 1]（1. 6）

子曰："弟子入则孝，出则悌，谨而信，泛爱众，而亲仁。行有余力，则以学文。"

【注释】

弟子：年轻人，学生。

悌（tì）：也写作'弟'。指弟弟顺从兄长的一种道德。

文：这里指文化，包括礼乐典章制度。

【译文】

孔子说："年轻人在家里要孝顺父母，离开父母就要敬重兄长，做事要谨慎，说话要诚实，要爱护众人，亲近有仁德的人。如果还有精力，就去学习文化知识。"

[6. 2]（2. 5）

孟懿子问孝。子曰："无违。"

樊迟御，子告之曰："孟孙问孝于我，我对曰，无违"。

樊迟曰："何谓也？"子曰："生，事之以礼；死，葬之以礼，祭之以礼。"

【注释】

孟懿（yì）子：姓孟孙，名何忌。'懿'是古代有地位的人被封的称号，称为谥(shì)号。

无违：不要违背礼节。

御：驾驱车马。

事之以礼、葬之以礼、祭之以礼：三句均为倒装句，即以礼事之，以礼葬之，以礼祭之。

【译文】

孟懿子问什么是孝，孔子回答说："不要违背礼节。"

一天学生樊迟给孔子赶车。孔子告诉他说："孟懿子问我什么是孝，我答复他说：'不要违背礼节。'"

樊迟又问："这话是什么意思？"孔子说："当父母健在时，应按礼节侍奉他们；父母去世，应按礼节安葬；并按礼节祭奠他们。"

[6.3]（2.6）

孟武伯问孝。子曰："父母唯其疾之忧。"

【注释】

孟武伯：孟懿子的儿子，名彘（zhì），'武'是他的谥号。

父母唯其疾之忧：由于子女能谨慎处身，各方面都做得很好，父母放心。因此只需要担心他们自己的身体、疾病。

其：他们的

【译文】

孟武伯问怎样才算孝，孔子回答说："使做父母的只为自己的身体疾病担心就好了。"

[6.4]（2.7）

子游问孝。子曰："今之孝者，是谓能养。至于犬马，皆能有养；不敬，何以别乎？"

【注释】

养：养活、保养、颐养、饲养。

【译文】

子游问怎么样才算孝，孔子说："当今所说的孝，好象仅仅养活父母就行了。然而就是狗、马也能得到人饲养啊；如果没有对父母的一片孝心，那瞻养父母与饲养狗、马又有什么区别呢？"

[6.5]（2.8）

子夏问孝。子曰："色难。有事，弟子服其劳；有酒食，先生馔，曾是以为孝乎？"

【注释】

色难：子女侍奉父母时，做到脸色始终和颜悦色是件难色。

弟子：年轻人，晚辈。

先生馔（zhuàn）：长辈的吃喝。先生：长辈。馔：饮食吃喝。

【译文】

子夏问什么是孝，孔子说："子女侍奉父母要始终做到脸色好看是件难事。遇到有事，子女去操劳；有好吃的好喝的，让长辈享用，曾以为仅仅做到这就是孝吧？"

[6.6]（4.18）

子曰："事父母几谏，见志不从，又敬不违，劳而不怨。"

【注释】

几谏：几，原意有隐蔽、不明显之意，特指事情的苗头或预兆。此处则为轻微、婉转的规劝。

志：心意。

【译文】

孔子说："侍奉父母，父母有不对之处，要婉转、平和地规劝，如果父母决意不听，仍然应当恭敬侍奉，不要冒犯他们，尽管很操心但并不怨恨。

[6.7]（4.21）

子曰："父母之年，不可不知也。一则以喜，一则以惧。"

【译文】

孔子说："父母的年纪，不能不记在心上，一方面为他们健康长寿而高兴，一方面又为他们日益衰老而忧虑。"

[6.8]（19.14）

子游曰："丧致乎哀而止。"

【译文】

子游说："服丧，只要能充分表现出服丧人的悲哀感情就可以了。"

[6.9]（9.16）

子曰："出则事公卿，入则事父兄，丧事不敢不勉，不为酒困，何有于我哉！"

【注释】

公卿：三公九卿，泛指朝廷中高级官员。

有何于我哉：即“于我有何哉”。

【译文】

孔子说：“出外就侍奉公卿，在家就侍奉父兄，办丧事不敢不尽礼，不被酒所困扰，做到这些，对我有何难？”

[6.10]（19.17）

曾子曰：“吾闻诸夫子：人未有自致者也，必也亲丧乎！”

【注释】

闻诸：听说过这句话。

致：尽、极。

【译文】

曾子说：“我从先生那里听说过这句话。一般情况下，人不可能把感情全表露出来，一定是在父母去世时才充分流露出来！”

[6.11]（19.18）

曾子曰：“吾闻诸夫子：孟庄子之孝也，其他可能也，其不改父之臣与父之政，是难能也。”

【注释】

孟庄子：鲁大夫孟献子之子。

【译文】

曾子说：“我从先生那里听说过：孟庄子的尽孝，别人在其他方面可能做到，但在不改父亲的臣下僚府，不改变他父亲政治措施这方面，别人就难以做到。”

[6.12]（1.2）

有子曰：“其为人也孝弟，而好犯上者，鲜矣；不好犯上，而好作乱者，未之有也。君子务本，本立而道生。孝弟也者，其为仁之本与！”

【注释】

鲜：少。

与：句末语气词，表感叹或疑问，后来一般写作‘欤’。

【译文】

有子说：“一个为人孝顺父母、尊敬兄长的人，要他冒犯上司、长辈的情况是很少见的；不犯上，却爱作乱的情况就更是没有过的。君子致力于基本的东西，只有基本、本质的东西建立起来，他的道德、思想也就建立起来了。孝顺父母、尊敬兄长这些孝悌的准则，其实也就是仁德之根本呀！”

[6.13]（1.9）

曾子曰：“慎终，追远，民德归厚矣！”

【注释】

追远：怀念先辈，祭祀时要虔诚。

【译文】

曾子说：“父母的丧礼要慎重对待，祭奠祖先要敬重、真诚，这样就可以使社会道德风尚日渐淳厚！”

[6.14]（1.11）

子曰："父在，观其志；父没，观其行；三年无改于父之道，可谓孝矣。"

（4.20）

子曰："三年无改于父之道，可谓孝矣。"

【译文】

孔子说："父亲在世时，儿子没有独立做主的权利，因而只能观察他的志向；父亲去世后，就要看他的行动，如果他能长时间地遵照父亲生前的道德规范不加改变的话，就可以称他为孝子了。"

[6.15]（4.19）

子曰："父母在，不远游，游必有方。"

【译文】

孔子说："父母健在时，不要长时间在外远游。如果不得已要远行，也应该有一定的去处以及相应的措施。

[6.16]（2.21）

或谓孔子曰："子奚不为政。"子曰："《书》云：'孝乎惟孝，友于兄弟，施于有政。'是亦为政，奚其为为政？"

【注释】

或：有的人。

奚：为什么。

《书》：《尚书》

施于有政：施行，扩展到政治上。

【译文】

有人对孔子说："您为什么不做官从政呢？"孔子回答说："《尚书》上说：'孝呀！就是孝敬父母，友爱兄弟。'把孝悌这种品德应用到政治上，也就是参与了政治，为什么一定要做官才算从政呢？"

[6.17]（14.40）

子张曰："《书》云：'高宗谅阴，三年不言'，何谓也？"子曰："何必高宗？古之人皆然。君薨，百官总己以听於冢宰三年。"

【注释】

高宗谅阴：商高宗（武丁）守孝。谅阴：为居丧之地，即凶庐，居丧时居住的房子。谅阴又称亮阴、梁闇、谅闇。

薨（hōng）：古时天子死谓崩，诸侯死称之为薨，大夫死称卒，士死称不禄，百姓死才叫死。

冢（zhōng）宰：相当宰相。

【译文】

子张说："《尚书》里说：'商王高宗（武丁）守孝，住在凶庐，三年不议政。'这是什么意思？"孔子说："不仅高宗是这样，古人都是这样，国君死了，新国君就不问政事，朝廷百官各自管理自己的事，并都听命于宰相，这样一直持续三年。"

[6.18]（17.21）

宰我问："三年之丧，期已久矣。君子三年不为礼，礼必坏；

三年不为乐，乐必崩。旧谷既没，新谷既升，钻燧改火，期可已矣。”

子曰：“食夫稻，衣夫锦，于女安乎？”

曰：“安。”

“女安，则为之！夫君子之居丧，食旨不甘，闻乐不乐，居处不安，故不为也。今女安，则为之！”

宰我出。子曰：“予之不仁也！子生三年，然后免于父母之怀。夫三年之丧，天下之通丧也。予也有三年之爱于其父母乎？”

【注释】

新谷既升：新谷登场。升：登。

钻燧改火：古代用燧石钻木取火，所用的木头四季不同，一年轮一遍。

期：一周年。《尚书·尧典》：“期，三百六旬有六日”。（一年有三百六十六日）

食夫稻，衣夫锦：吃着这白米饭，穿着那锦缎衣。夫：这、那。

夫三年：夫放在句首系语气词，引出下面的议论。

食旨不甘：食品美味但觉不出甜。旨：味美。甘：甜。

予：宰我又称宰予，予是名。

【译文】

宰我问孔子：“父母死了，子女守孝三年，时间也太长了。君子三年不行礼，礼仪毕竟会废弃掉；三年不奏乐，音乐也必定会忘掉。陈谷已经吃完，新谷又登场了，钻木取火也要更换木头，守丧周年就可以了。”

孔子说：“父母死了不到三年，你就吃白米饭，穿锦缎衣，对于你来说心安吗？”

宰我说：“我心安。”

孔子说："你要心安，你就那么做吧！那些有德行的人在守孝期间，因为内心悲哀，吃着美味的食品也觉不甜，听见音乐也感觉不到愉快，住在舒适的房里也觉不出舒服，所以不像你那样。现在你认为心安理得，你就那么做得了。"

宰我退出去。孔子说："宰我真是不仁啊！小孩子生下来三年以后才能离开父母怀抱。那三年的守孝，是天下通行的丧期呀！宰我难道没有从他父母的怀抱得到过三年的爱抚吗？"

[6.19]（13.18）

叶公语孔子曰："吾党有直躬者，其父攘羊，而子证之。"孔子曰："吾党之直者异于是：父为子隐，子为父隐，直在其中矣。"

【注释】

叶公：楚国大夫，姓沈，名诸梁，字子高。封地在叶城，所以称叶公。

党：古代居民组织，五百家为一党，做家乡讲。

直躬：坦白直爽。

攘（rǎng）：偷、窃取。

证：告发。

【译文】

叶公告诉孔子说："我们家乡有个坦白直爽的人，他的父亲偷了别人的羊，便出来告发了。"孔子说："我们那个地方坦白直爽的人与你们那里不一样：父亲替儿子隐瞒，儿子替父亲隐瞒，我们那里的直爽就表现在这里了。"

[6.20]（7.9）

子食于有丧者之侧，未尝饱也。

【译文】

孔子在有丧事的人家旁边吃饭，从来没吃饱过。

[6.21]（7.10）

子于是日哭，则不歌。

【注释】

于是：在这时，在这件事情上；此处相当现代汉语的“于是”。

【译文】

孔子在吊丧期间整天哭泣，这些天他也不唱歌。

七

【诗书礼乐】

[7.1]（2.2）

子曰："《诗》三百，一言以蔽之，曰：'思无邪。'"

【注释】

《诗》三百：《诗经》共有三百零五篇，三百是说大数。

一言以蔽之：用一句话概括。蔽：概括。

思无邪：摘自《诗经·鲁颂·駉》。

【译文】

孔子说："《诗经》三百零五篇，用一句话概括，就是：'思想纯正。'"

[7.2]（3.2）

三家者以《雍》彻。子曰："'相维辟公，天子穆穆'，奚取于三家之堂？"

【注释】

三家：指鲁国的三大家大夫孟孙、叔孙、季孙，他们当时掌握了鲁国的政权。

《雍》：是《诗经·周颂》中的一篇，周成王即位后，诸侯来朝，献祭于周武王庙，奏此乐章。三家可参见[10.65][7.19]注释。

彻：通撤，撤去祭品。

相维辟公，天子穆穆：是《诗经·周颂·雍》中的二句诗。意思是诸侯百公都来助祭，周王仪态，美好端庄肃穆。相：祭祀时的司仪，参见本书[4.26]注释。辟公：指各方诸侯。

堂：指三家的祭祀庙堂。

【译文】

孟孙、叔孙、季孙三家大夫，在祭祀他们祖先的祭礼也用周天子祭祀《雍》的乐章来撤去祭品。孔子说："相维辟公，天子穆穆"这样的诗句怎么能在三家大夫祭祖的庙堂上唱呢？"

[7.3]（3.8）

子夏问曰："'巧笑倩兮，美目盼兮，素以为绚兮。'何谓也？"子曰："绘事后素。"曰："礼后乎？"子曰："起予者商也，始可与言《诗》已矣。"

【注释】

此三句诗前二句引自《诗经 · 卫风 · 硕人》，后一句可能是佚诗。倩：美丽。盼：眼睛转动黑白分明。素：白色；本色；朴素；真情。绚（xuàn）：华丽。

绘事后素：描述事情反映事情的本来面目四壁无瑕

起予者商也：对我有启发的是子夏啊。予：我。商：子夏的名为"商"，孔子称学生常只用名。

【译文】

子夏问孔子："'两腮酒窝因俏笑，美目流盼情态姣，自然的面目最漂亮。'这三句诗有什么含义呢？"孔子说："描述事物并反映出了事物的本来面目。"子夏说："礼节仪式产生在后吧？"孔子说："能对我有所启发的是子夏啊，现在可以与你谈论《诗经》了。"

[7.4]（7.18）

子所雅言，《诗》、《书》、执礼，皆雅言也。

【注释】

雅言：规范的语言。古代以周王朝京都地区的语音为标准的话，相当于现在的普通话，孔子平时常用鲁国的地方方言说话，读《诗》《书》和主持礼仪时用雅言。《书》：《尚书》，主要记录上古帝王的言论。

【译文】

孔子有用雅言的地方，读《诗经》、《尚书》和主持礼仪时就用雅言。

[7.5]（8.8）

子曰："兴于《诗》，立于礼，成于乐。"

【注释】

兴：兴趣、兴致、兴旺、兴起。

立：生存、存在。

成：成长、成功。

【译文】

孔子说："《诗》篇可以提高人的兴致，礼仪使我们能立于社会，音乐伴随着人的成长、成功"。

[7.6]（8.15）

子曰："师挚之始，《关雎》之乱，洋洋乎盈耳哉！"

【注释】

师挚之始：从乐曲的开始，古代奏乐，开始叫笙歌，由乐师宣奏。师挚：鲁国的乐师，名挚。

《关雎》之乱：乐曲的尾声奏的是《关雎》乐章。《关雎》是《诗经 · 国风》的第一篇，也是《诗经》的第一篇。乱：乐曲的最后一章称‘乱’，即尾声。

【译文】

孔子说："从大师挚开始宣奏，一直到尾声奏《关雎》，整个乐曲美妙动听，充满了我的耳朵！"

[7.7]（9.31）

"唐棣之华，偏其反而。岂不尔思？室是远而。"子曰："未之思也，未何远之有？"

【注释】

唐棣之华：棠棣之花。《诗经 · 小雅 · 常棣》有一首写棠棣的诗句。常棣：棠棣，又名郁李，开红色的花。

偏其反而：随风摇摆，翩翩样。偏：通翩。反：通翻。

岂不尔思：即岂不思尔。尔：第二人称代词。

室是远而：家离你太远。而：第二人称代词。

【译文】

"棠棣开花，随风摇摆。难道我不思念你吗？只是你离家太远。"孔子说："恐怕还是没有思念吧！真想念的话，怎么会觉得遥远呢？"

[7.8]（17.9）

子曰："小子何莫学夫《诗》？《诗》可以兴，可以观，可以群，可以怨。迩之事父，远之事君。多识于鸟兽草木之名。"

【注释】

兴（xing）：兴趣、兴致。

观：观赏。

群：合群。

怨：怨恨，抒发心中的不平。

迩（er）：近。

【译文】

孔子说"学生们。你们为什么不去学习《诗经》呢？学《诗经》，可以激发人的兴致，可以提高人的观察力，可以与人们打成一片，可以抒发心中的不平。从近处说可以侍奉父母，从远处说，可以侍奉君主，还可以使你们多认识一些鸟兽花木。"

[7.9]（17.10）

子谓伯鱼曰："女为《周南》、《召南》 矣乎？人而不为《周南》、《召南》，其犹正墙面而立也与！"

【注释】

《周南》、《召南》：《诗经》分风、雅、颂三部分，其中《国风》部分共 160 首，分别是从 15 个地区采集来的民间歌谣，故又称"十五国风"。《周南》、《召南》是"十五国风"中的头两部分，其中《周南》11 篇，《召南》14 篇。

【译文】

孔子对伯鱼说："你读过《周南》、《名南》这两部分诗歌了吗？人如果不读《周南》、《名南》，就如同你正面有一堵墙壁挡在前面，你就前进不了！"

[7.10] (3.20)

子曰："《关雎》，乐而不淫，哀而不伤。"

【注释】

《关雎》：《诗经》中第一篇。

【译文】

孔子说："《关雎》这首诗，是一首绝妙的爱情畅想曲，欢乐但无淫乱，哀思但不悲伤。"

[7.11]（17.11）

子曰："礼云礼云，玉帛云乎哉？乐云乐云，钟鼓云乎哉？"

【注释】

玉帛：指举行礼仪时使用的玉器、纺织品。

云乎哉：云：语气词。乎哉：表示反问。

【译文】

孔子说："礼呀礼呀！难道说的只是玉器、纺织品吗？乐呀乐呀！难道就是指的钟鼓之类的乐器吗？"

[7.12]（12.8）

棘子成曰："君子质而已矣，何以文为？"子贡曰："惜乎！夫子之说君子也。驷不及舌。文犹质也，质犹文也。虎豹之鞟犹犬羊之鞟 。"

【注释】

棘子成：卫国大夫，故子贡称他为夫子。

质：本质，指人的思想品质。

文：文化。包括礼乐典章制度。

驷不及舌：一言既出，四马难追。驷（sì）：同驾一辆车的四匹马。

鞟（kuò）：去毛的兽皮。

【译文】

棘子成说："君子只要思想品德好就可以了，还要那些礼仪之类的东西做什么？"子贡："真遗憾呀！先生这样谈论君子。真是可以说得上是一言既出，四马难追。思想品德和礼乐典章同样重要。如果把虎豹的皮和犬羊的皮都去掉带花纹色彩的毛，那么这两类皮就一样了。"

[7.13]（1.12）

有子曰："礼之用，和为贵。先王之道，斯为美，小大由之。有所不行，知和而和，不以礼节之，亦不可行也。"

【译文】

有子说："礼的应用，贵在和睦协调。以前圣明君主治理国家，在这方面都做得很完美，无论小事大事都能以礼来衡量，做到和谐恰当。如果行不通，该和睦相处就要和谐相处，如果没有一定的礼制来节制，也就行不通了。

[7.14]（2.23）

子张问："十世可知也？"子曰："殷因于夏礼，所损益，可知也；周因于殷礼，所损益，可知也；其或继周者，虽百世，可知也。"

【注释】

十世：古时称三十年为一世，一世为一代，十世即十代。

殷因于夏礼：殷商沿袭于夏代的礼仪。因：沿袭。

所损益：减少的和增加的礼仪。损：减少。益：增加。

虽：即使。

【译文】

子张问孔子："十代以后的礼仪制度可以预知吗？"孔子说："殷商沿袭夏朝的礼仪制度，废除和增加了哪些，可以知道；周朝沿袭殷商的礼仪制度，废除和增加了哪些，也可以知道；以后有继承周朝的，即使百代以后，他的礼仪制度也是可以推知的。"

[7.15]（3.9）

子曰："夏礼，吾能言之，杞不足征也；殷礼，吾能言之，宋不足征也。文献不足故也。足，则吾能征之矣。"

【注释】

杞（qi）：周代诸侯国，在今河南杞县。周武王灭商以后分封诸侯的时候，杞是夏朝王室后人的封地。成语有'杞人忧天。'

征：证明。

宋：周代诸侯国，在今河南商丘一带。周武王分封诸侯的时候，宋为商贵族微子的封地。

故：原因，缘故。

【译文】

孔子说："夏朝的礼制我能说出来，但后代杞国的礼制就不清楚，无从证实；殷商的礼制我能说得出来，但宋国的礼制就不清楚，无从证实。这是由于文献资料不够充分的缘故。如文献资料充实，我就能证实他们的礼制。

[7.16]（3.14）

子曰："周监于二代，郁郁乎文哉！吾从周。"

【注释】

周监于二代：周朝的礼乐典章制度借鉴于夏、商二朝。监：借鉴。

文：文化，包括礼乐典章制度。

【译文】

孔子说："周朝的礼乐制度借鉴了夏、商二朝的特点。礼乐典章制度非常丰富啊！我追随周朝的礼乐制度。"

[7.17]（3.4）

林放问礼之本。子曰："大哉问！礼，与其奢也，宁俭；丧，与其易也，宁戚。"

【注释】

林放：鲁国人。

易：变更、改变。这里有在办丧事的仪式上增加的内容，置办设施的意思。

戚：忧愁、悲伤。

【译文】

林放问孔子礼的根本是什么。孔子说："这个问题是个大学问呀！就礼仪而言，与其过分奢侈，宁可朴素节俭；就办丧事而言，与其仪式上大操大办，不如内心真正悲哀。"

[7.18]（3.6）

季氏旅于泰山。子谓冉有曰："女弗能救与？"对曰："不能。"子曰："呜呼！曾谓泰山不如林放乎？"

【注释】

季氏旅于泰山：季孙氏要去泰山祭祀山川，孔子认为这一行为越礼，季孙氏当时尽管掌握鲁国实权但毕竟只是个大夫，而当时只有天子或诸侯才有资格去祭祀泰山。

曾（zeng）：副词，用来加强语气。

【译文】

季孙氏要去祭祀泰山。孔子对自己的学生同时又在季孙氏下当家臣的冉有说："你不能阻止这事吗？"冉有说："做不到。"孔子说："哎呀！难道泰山之神还不如林放，竟会接受季孙氏这种越礼的祭祀呀？"

[7.19]（3.10）

子曰："禘自既灌而往者，吾不欲观之矣。"

【注释】

禘（dì）：古代帝王诸侯祭祀祖先的典礼。本来只有天子才能举行。周成王在周公旦死后，因周公旦是周武王时代治理天下的功臣，对周有重大贡献，周成王特许周公旦的后代对他用禘礼祭祀，参见[1.20]注释。鲁国国君是周公旦的后代，因此鲁国沿此惯例。但到春秋时，鲁国国君在禘礼时有越礼行为，孔子不满意。

灌：注入，献酒。祭祀中的一个项目：用活人（一般用童男童女，称为'尸'）以代受祭者。献酒给'尸'，使'尸'闻到酒香。

【译文】

孔子说："祭祀祖先的禘礼，酒开始祭献之后，我就不想往下看了。"

[7.20]（3.11）

或问禘之说。子曰："不知也。知其说者之于天下也，其如示诸斯乎！"指其掌。

【注释】

或：有人。

【译文】

有人向孔子请教禘礼的道理，孔子说："我不知道，知道的人管理整个天下，他会把这个道理明摆放在手心里吗！"边说边指自己的手掌。

[7.21]（3.12）

祭如在，祭神如神在。子曰："吾不与祭，如不祭。"

【注释】

与：参加。

【译文】

祭祖就如祖先在，祭神就如神在自己前面。孔子说："如果自己不参加祭祀，就如同不祭。

[7.22]（3.13）

王孙贾问曰："'与其媚于奥，宁媚于灶，'何谓也？"子曰："不然；获罪于天，无所祷也。"

【注释】

王孙贾：卫国（卫灵公时代）的大夫。

媚：谄媚、讨好。

奥：屋子里西南角，泛指房间的深处、古时人们认为此处有神，称奥神。

灶：灶神，俗称灶王爷，能上天言好事，能通天。卫灵公时代其宠姬南子，宠臣弥子瑕掌握实权，人们不敢得罪这二人。有人认为这段谈话就是议论此事。

【译文】

王孙贾问道："与其巴结奥神，不如巴结灶神，这句话是什么意思？"孔子说："不对。要是得罪了天，到什么地方祈祷都无济于事。"

[7.23]（3.17）

子贡欲去告朔之饩羊。子曰："赐也！尔爱其羊，我爱其礼。"

【注释】

欲去：打算不用。

告朔：古代的一种祭庙仪式。古代，周天子在每年秋冬之交把来年的历书颁发给诸侯，诸侯接受历书后，藏于祖庙。每月农历初一'朔'这一天，诸侯来到祖庙，杀一只活羊祭庙，然后回朝廷听政，这个仪式叫'告朔'。告：音（gù）。

饩羊：活的羊，生羊肉。饩：活牲口，生肉。饩：音（xì）。

【译文】

子贡想省去朔日（农历每月初一）祭祖庙的活羊。孔子说："赐啊！你爱惜那头羊，我爱惜这种礼。"

[7.24]（3.1）

孔子谓季氏，"八佾舞于庭，是可忍也，孰不可忍也？"

【注释】

季氏：季孙氏，此指季平子，鲁国大夫，代鲁国君主持祭祀。

八佾（yì）：佾是古代乐舞的行列。在奴隶制社会，舞蹈用人的多少，表示奴隶主贵族之间的等级差别。天子八佾，诸侯六佾，大夫四佾，士用二佾。

是：这个，这件事。

孰：疑问代词，相当于'谁'。谁专指人，孰既代表人，也可代表物。

【译文】

孔子在谈论季孙氏时，说："他在自己的庭院中奏乐舞蹈使用了天子的八佾，如果这件事可以忍，那又有什么事不能忍呢？"

[7.25]（3.18）

子曰："事君尽礼，人以为谄也。"

【译文】

孔子说："能一切按礼节服侍君主，别人却以为是向君主谄媚、讨好。

[7.26]（3.19）

定公问："君使臣，臣事君，如之何？"孔子对曰："君使臣以礼，臣事君以忠。"

【注释】

定公：鲁国国君，姓姬，名宋。见[10.65]注释。

【译文】

定公问孔子说："国君没使臣子，臣子侍奉君主，该如何做？"孔子回答到："国君按礼制对待臣子，臣子侍奉国君要尽以忠心。"

[7.27]（3.22）

子曰："管仲之器小哉！"

或曰："管仲俭乎？"曰："管氏有三归，官事不摄，焉得俭？"

"然则管仲知礼乎？"曰："邦君树塞门，管氏亦树塞门；邦君为两君之好，有反坫，管氏亦有反坫。管氏而知礼，孰不知礼？"

【注释】

管仲：名夷吾，字仲。曾做齐桓公的宰相，辅助齐桓公成为春秋五霸之一。详见[5.13]注释

器：气量。

三归：藏钱财的府库。

摄：收敛；通"慑"，害怕。

邦君：诸侯国国君。

塞门：相当于萧墙、照壁之类建筑，以使外面看不到里面。

反坫：古代两君相宴，饮毕，将空酒杯放在反坫上。坫（diàn）：古代设于堂中祭祀宴会时放礼器和酒具的土台。

【译文】

孔子说："管仲的气量小啊！"

有人便问："管仲俭朴吗？"孔子说："管仲有储放钱财的府库，办事又不收敛，不害怕什么，能谈得上俭朴吗？"

那人又问："那么管仲知礼吗？"孔子说："国君宫殿前有照壁，管仲府大门亦有照壁。国君设宴招待外国客人，在堂上设有放置酒杯的土台，管仲待客也设有放置酒杯的土台。如果说管仲知礼。还有谁不知礼呢？"

[7.28]（3.26）

子曰："居上不宽，为礼不敬，临丧不哀，吾何以观之哉？"

【译文】

孔子说："居上位的人，待人不宽宏大量，对礼仪不恭敬严肃，居丧时不悲痛哀伤，这种行为我怎么看得下去呦？"

[7.29]（4.13）

子曰："能以礼让为国乎！何有？不能以礼让为国，如礼何？"

【注释】

为：治理。

【译文】

孔子说："能够按照礼仪谦让来治理国家啊！那还有什么问题呢？不能用礼仪谦让来治理国家，那礼仪又有什么用呢？"

[7.30]（5.18）

子曰："臧文仲居蔡，山节藻梲，何如其知也？"

【注释】

臧文仲：姓臧（zāng）孙，名辰。鲁国大夫。

居蔡：藏有大量占卜用大龟壳。居：占，占据。蔡：占卜用的大龟壳。

山节：刻画着山岳的斗拱。

藻梲（zhuó）：彩绘水藻的梁上短柱。梲：梁上短柱。

何如其知也？。何……也："也"是句末语气词，与"何"相应，表示疑问语气。知：通"智"，聪明。他怎么这么聪明呢？其实孔子认为他不聪明，因为天子才有资格干这些事情。

【译文】

孔子说："臧文仲藏有大量占卜用龟壳，住在刻画有山岳斗拱和画着花草短柱的家庙里，这个人怎么这样不聪明呢？

[7.31]（9.3）

子曰："麻冕，礼也；今也纯，俭，吾从众。拜下，礼也；今拜乎上，泰也。虽违众，吾从下。"

【注释】

麻冕：一种用麻织成的精工制作，价格昂贵的礼帽。
纯：纯粹的丝。
拜下：指臣见君的礼节，先在堂下磕头，然后升堂再磕头。
拜乎上：指臣见君时直接到堂上拜，在堂下不拜。
泰：过分，有傲慢之嫌。

【译文】

孔子说："用麻织礼帽，符合过去的礼节；现在改用纯丝制作，更节俭，我赞同大家的作法。臣子见君主，先在堂下拜，再升堂拜，这符合过去的礼节；现在大家只在堂上拜，有点过分。我不同意大家的作法，仍然坚持堂下拜后再在堂上拜。

[7.32]（10.1）
孔子于乡党，恂恂如也，似不能言者。
其在宗庙、朝廷，便便言，唯谨尔。

【注释】

乡党：家乡。
恂恂如：诚实恭敬的样子。
便便（pian）：能说会道。
唯谨尔：只是谨慎而已。

【译文】

孔子在家乡，显得非常温和恭顺，好象不会说话一样。
在宗庙里，在朝廷上，说话明白清楚，只是说话非常谨慎。

[7.33]（10.3）

君召使摈，色勃如也。足躩如也，揖所与立，左右手，衣前后，襜如也。

趋进，翼如也。宾退，必复命，曰："宾不顾矣。"

【注释】

摈（bìn）：通傧。出迎，接引宾客；接引客人的人。

色勃如也：神色变得兴奋起来的样子。勃：旺盛。今有熟语："生气勃勃"。如：形容词词尾，表示'……样子。'也：句末语气词。

躩（jué）如：走路快的样子。

所与立：指跟自己一样作傧相的人。

衣前后：作揖时衣服随着身体的前躬后仰前后摆动。

襜（chān）如也：衣襟摇动整齐的样子。襜：衣襟。

顾：回头。

【译文】

国君召孔子作傧相接待宾客，孔子神色变的兴奋起来，走路的步子也快了。与其他傧相站在两旁作揖致敬，迎接客人，左右拱手，衣裳随着作揖摆动，衣服整齐不乱。他向前走时，姿势就像鸟儿张开翅膀一样。贵宾告辞后，他一定向君王回报："客人已经走远了。"

[7.34]（10.4）

入公门，鞠躬如也，如不容。

立不中门，行不履阈。

过位，色勃如也，足躩如也，其言似不足者。

摄齐升堂，鞠躬如也，屏气似不息者。

出，降一等，逞颜色，怡怡如也。

没阶，趋进。翼如也。

复其位，踧踖如也。

【注释】

入公门：进入朝廷。

鞠躬如：弯腰，恭敬谦逊的样子。如：形容动词尾：表……的样子。

如不容：好象没有容身的地方一样。

阈：门槛。

过位：古代礼节，大臣议论政事时要入朝经过君主的座位，那时的态度必须恭敬严肃。

摄齐升堂：拉起衣服的下摆向堂走时。

怡怡如：愉快、高兴的样子。

踧踖（cù jì）如：恭敬谨慎的样子。

【译文】

孔子走进朝廷的门，弯腰，恭敬谦逊，好像没有容身的地方。

立不站在门的中间，步行时不踩门槛。

走过君主座位时，神色兴奋，加快步伐。说话谨慎，如同气力不足似的。

提起衣服的下摆向堂上走时，弯下腰，恭敬庄重严肃，屏住呼吸，小心谨慎。

出来，走下台阶，神态舒展开起来，展显出愉快高兴的样子。

下完台阶，快步向前，像鸟儿张开了翅膀一样。

回到自己的位置，恭敬谨慎的样子。

[7.35]（10.5）

执圭，鞠躬如也，如不胜。上如揖，下如授。勃如战色，足蹜蹜，如有循。

享礼，有容色。

私觌，愉愉如也。

【注释】

执圭：手上执着圭。圭：一种上圆下方的玉器。帝王、诸侯在举行朝会、祭祀典礼上拿着。出使国外可作为凭证的玉。

如不胜：好象拿不动的样子。

蹜蹜（sù）：形容小步快走。

如有循：像是沿着规定的路线。

享礼：使者向所访问国敬献礼物的一种仪式。

私觌（dí）：私下，私人相见会面。

【译文】

参加典礼，手执着圭，谨慎恭敬，像拿不动似的。向上举着圭像作揖，放下来就像是授于别人。脸色庄重兴奋如同作战似的，脚步小步快走，走小碎步，像是沿着规定的路线行走。

在献礼的仪式上，和颜悦色。

在私下与宾客见面，更显得轻松愉快。

[7.36]（10.6）

君子不以绀緅饰，红紫不以为亵服。

当暑，袗絺绤，必表而出之。

缁衣羔裘；素衣麑裘；黄衣狐裘。

亵裘长，短右袂。

必有寝衣，长一身有半。

狐貉之厚以居。

去丧，无所不佩。

非帷裳，必杀之。

羔裘玄冠不以吊。

吉月，必朝服而朝。

【注释】

绀缬（gǎn zōu）饰：深青带红的颜色和青赤色二类颜色的饰边。有的《论语》书无緅字。

亵裘：亵（xiè）：内衣。裘（qíu）：皮衣。

袗（zhěn）絺（chī）绤（xi）：穿细或粗的葛布单衣。袗：华贵单衣。絺：葛细布。綌：粗葛布。

表：外衣。

缁（zi）衣：黑色的衣服。

羔裘：羊毛皮衣。

素衣：白色的衣服。

麑裘：小鹿皮衣。

狐裘：狐狸皮衣。

袂：袖子。

寝衣：睡时盖的被子。

貉（he）：一种野兽。

居：坐垫。

非帷裳：不是朝祭的服装。帷裳：用整幅布做成的朝祭用服装。

杀：衣旁开斜缝。

玄冠：黑色礼帽。玄：黑色。

吊：悼念死者。

吉月：每月初一。

【译文】

君子不用深青透红或青赤色的布做饰边，红色和紫色的布不能用来做内衣。

夏天，穿葛布单衣，但外出时要套上外衣。

冷时，穿的有黑色衣服配羊毛皮衣；白色衣服配小鹿皮衣；黄色衣服配狐狸皮衣。

平时在家穿的皮袄长，右袖要短一点。

睡觉要有被子，长度要有人身的一倍半长。

冬天坐垫可用狐貉皮制成。

办完丧事后，可以佩带各种饰品。

不是上朝和祭祀的礼服，衣旁一定要开斜缝。

不要穿羊毛皮衣，戴黑色礼帽去吊丧。

每月初一，一定要穿着上朝的礼服去拜见君主。

[7.37]（10.7）

齐，必有明衣，布。

齐必变食，居必迁坐。

【注释】

齐（zhāi）：斋戒。

明衣：行礼或祭服的贴身单衫。

迁坐：改变卧室。斋戒时，夫妻不可同房。

【译文】

斋戒时，一定要有行礼或祭祀用贴身单衫，用布制成。

斋戒时，一定要改变平时的饮食，居处也要改变地方。

[7.38]（10.11）

虽疏食菜羹，必祭，必齐如也。

【注释】

必祭：古人在饮食之前，把席上每种事物拿出一点，祭古代最初发明饮食的，以示不忘本。

【译文】

即使是粗饭、菜汤、食前要先祭一祭，心要虔诚，不能敷衍。

[7.39]（10.15）

问人于他邦，再拜而送之。

【译文】

托人向其它诸侯国的友人问好、送礼，一定要向被托付的人拜两次再送行。

[7.40]（10.19）

疾，君视之，东首，加朝服，拖绅。

【注释】

东首：君主来看，病人朝东边躺着，以示迎接。

拖绅：拖着系在衣服上的大带子。绅：古代士大夫系的大带子。

【译文】

孔子病了，君主来探视他，孔子就面朝东边躺着以示迎接，身上穿着朝服，拖着大带子。

[7.41]（6.10）

伯牛有疾，子问之，自牖执其手，曰："亡之，命矣夫！斯人也而有斯疾也！斯人也而有斯疾也！"

【注释】

自牖执其手：古代的礼节。在家里有病的人睡在北面的窗下，君主如果去看他时，就搬到南面的窗下，让君主能够从南面看他。当是伯牛家以这种礼节表示对老师孔子的尊敬。孔子认为不妥，所以不到病人家，只从窗口伸手进去握住病人的手。牖（you）：窗户。

亡：失去，丢失。

斯：指示代词：此。

【译文】

学生冉耕得了重病，孔子去探视他，从窗口握住他的手，说："失去这个人，难道是天意吗！他这样的人怎么得了这样的病呀，他这样的人竟得了这样的病！"

[7.42]（9.10）

子见齐衰者、冕衣裳者与瞽者，见之，虽少，必作；过之，必趋。

【注释】

齐（qí）衰（cuī）：古代用粗麻布做成的缉（qí）边的丧服。衰：丧服，因其缉边缝齐，故称齐服。

冕衣裳者：衣冠整齐的贵族。冕：礼帽。衣：上衣。裳：裙子、裤子。

瞽者：瞎子。

少（shào）：年轻。

作：起身，起来。

【译文】

孔子见到穿丧服的，穿着整齐的贵族以及盲人，即使他们较自己年轻，孔子必定从坐席上起身；如果从他们身边走过，也必定快步走过。

[7.43]（10.25）

见齐衰者，虽狎，必变。见冕者与瞽者，虽亵，必以貌。

凶服者式之。式负版者。

有盛馔，必变色而作。

迅雷风烈，必变。

【注释】

狎（xiá）：亲近但不庄重。

亵（xiè）与狎意思相近。

凶服：丧服。凶：不幸、丧事。

式：扶着轼敬礼。轼为车厢前用作扶手的横木。

式负版者：向背邦国图籍的人致以敬意。

馔（zhuàn）：食物。

作：起身、起立。

【译文】

看见送丧的队伍，尽管平时认识但关系并不太好，态度也要变的悲哀。看见戴礼帽的人和盲人，尽管平时虽认识但关系并不密切，也一定要有礼貌。

见到送葬的队伍，抓着送葬车扶手横木以表敬意，向背着邦国图籍的人表示敬意。

遇到盛大的筵席，脸上要有高兴的表情并且站立起来。

遇到疾雷、狂风，神色要表示不安。

[7.44]（10.18）

君赐食，必正席先尝之；君赐腥，必熟而荐之；君赐生，必畜之。

侍食于君，君祭，先饭。

【注释】

腥：生肉。

荐：献，进献祭品。〈汉事 · 晁错传〉：“上以荐先帝之宗庙。”

【译文】

君主赐给的食物，一定要摆到正席位先尝一尝。君主赐给的生肉，一定煮熟了先供奉祖宗。君主赐给的活的牲畜，一定把它饲养

起来。

侍奉君主吃饭，在君主举行饭前祭礼时，自己要先尝一尝。

[7.45]（10.12）

席不正，不坐。

【译文】

座席摆的不正，不坐。

[7.46]（10.13）

乡人饮酒，杖者出，斯出矣。

【译文】

同本乡人一起饮酒，要等老人都离席了，才能离席。

[7.47]（10.14）

乡人傩，朝服而立于阼阶。

【注释】

傩（nuó）：古人迎神驱逐疾病的风俗活动。

阼阶：大堂前东面的台阶。古代宾客相见时，客人走西面的台阶，主人走东面的台阶。

【译文】

本乡人举行迎神驱鬼的仪式上，要穿上朝服，站立在东边的台阶上。

[7.48]（10.20）

君命召，不俟驾行矣。

【注释】

俟（si）：等待。在先秦时期“俟”、“待”都有等待的意思。

【译文】

君主召见孔子，孔子不等马车准备好，就自己先行步行前往。

[7.49]（10.23）

朋友之馈，虽车马，非祭肉，不拜。

【译文】

朋友馈赠的物品，尽管是车马，只要不是祭肉，孔子在接受时，都不叩拜的。

[7.50]（10.24）

寝不尸，居不容。

【注释】

不尸：躺着不要像死人一样。

居不容：在家时不必过分讲究面容的打扮、修饰。

【译文】

睡觉时。不要躺着像个死人；在家时，不要过分讲究面容的修饰、打扮。

[7.51]（10.26）

升车，必正立，执绥。

车中不内顾，不疾言，不亲指。

【注释】

绥（suí）：车上的带子，登车时可作拉手用。

【译文】

上车，一定要端端正正站好，手拉着扶手带。

在车中，不左顾右盼，不大声喧哗，不用手指指画画。

[7.52]（11.1）

子曰："先进于礼乐，野人也；后进于礼乐，君子也。如用之，则吾从先进。"

【注释】

野人：在野的人，无爵无禄的人。

君子：指卿、大夫等贵族。

【译文】

孔子说："先学习礼乐而后获得官职的，是无爵无禄的普通人；先有官职而后才学习礼乐的人是卿、大夫。假如我选用人材，我就先选用先学礼乐的人。

[7.53]（14.43）

原壤夷俟。子曰："幼而不孙弟，长而无述焉，老而不死，是为贼。”以杖叩其胫。

【注释】

原壤夷俟：原壤两腿八字叉开坐着等候孔子。原壤：孔子的老朋友。夷：箕踞，古时人们席地而坐，有人双脚叉开前伸，形状像箕一样，十分不雅。俟（sí）：等候。

孙弟：通‘逊悌’，遵守悌的礼节。

无述：没有成就。

贼：害人精。

胫（jìng）：小腿。

【译文】

原壤两腿叉开像个簸箕一样坐着等孔子。孔子说：“你小时候就不懂规矩，长大了还是一事无成，老了不死，真成了害人精！”说着就用拐杖敲打原壤的小腿。

[7.54]（16.5）

孔子曰：“益者三乐，损者三乐。乐节礼乐，乐道人之善，乐多贤友，益矣；乐骄乐，乐佚游，乐宴乐，损矣。”

【注释】

节礼乐：有节制、节操有礼貌的快乐

佚（yì）游：放荡的交际。

晏：鲜艳、华美。晏乐：以铺张浪费、奢侈豪华为乐。

【译文】

孔子说：“有益的快乐有三种，有害的快乐也有三种。把得到

有情调有礼貌的快乐为快乐，把赞扬别人长处作为快乐，把多交益友作为快乐，这是有益的；把喜欢骄纵放肆作为快乐，把喜欢放荡地去交际不三不四的人作为快乐，把以铺张浪费、奢侈豪华作为快乐，这是有害的。

[7.55]（3.23）

子语鲁大师乐，曰："乐其可知也：始作，翕如也；从之，纯如也，皦如也，绎如也，以成。"

【注释】

语：评价，介绍。

大师：音乐大师。大师：乐官。

翕（xī）如：和顺、和谐。如：形容词尾。

纯如：美好动听。

皦（jiɑo）如：声音清晰。

绎（yì）如：如抽丝一般流畅。

【译文】

孔子评价鲁国大师的音乐，说道："音乐的全过程是可知的。他刚开始演奏的时候，音乐和顺；继而悦耳动听，声音清晰，如抽丝一般流畅，音乐便这样完成了。"

[7.56]（7.14）

子在齐闻《韶》，三月不知肉味，曰："不图为乐之至于斯也！"

【注释】

《韶》相传舜所作乐舞。

图：想。

为乐：被音乐打动。

至：极、最。

【译文】

孔子在齐国听了《韶》乐后，很长时间尝不出肉味，于是说"没有想到被《韶》乐打动到这么深的程度。

[7.57]（15.11）

颜渊问为邦。子曰："行夏之时，乘殷之辂，服周之冕，乐则《韶》、《舞》。放郑声，远佞人。郑声淫，佞人殆。"

【注释】

辂（lù）：车子。

冕（mǐan）：贵族所戴的礼帽。

《韶》、《舞》：《韶》是舜时的音乐，《舞》同《武》，是周武王时的乐曲。

放：放逐，舍弃。

佞（nìng）人：巧言献媚之小人。

【译文】

颜渊问怎样治理国家。孔子说："推行夏国的历法，乘坐殷朝的车子，戴周朝的礼帽，音乐就演奏《韶》、《武》乐曲，舍弃郑国的音乐，远离小人。郑国的音乐淫靡，献媚的小人危险。"

[7.58]（17.18）

子曰：“恶紫之夺朱也。恶郑声之乱雅乐也。恶利口之覆邦家者。”

【注释】

郑声：郑国的乐曲。

雅乐：指周朝京城的乐曲。

【译文】

孔子说：“我讨厌紫色取代朱红色的地位，我讨厌郑国的乐曲扰乱典雅规范的京城音乐，我讨厌巧言献媚之人颠覆国家。

[7.59]（17.4）

子之武城，闻弦歌之声，夫子莞尔而笑曰：“割鸡焉用牛刀？”

子游对曰：“昔者偃也闻诸夫子曰：‘君子学道则爱人；小人学道则易使也。’”

子曰：“二三子！偃之言是也。前言戏之耳！”

【注释】

之：到……去。

武城：鲁国的一个小城。

莞（wǎn）尔：微笑的样子。

偃：子游，姓言，名偃。

【译文】

孔子去武城。听见弹琴唱歌的声音。孔子微微一笑，说：“杀鸡，何必用宰牛的刀呀！”

子游回答说："从前我听老师说过：'君子学了礼仪之道，就会有仁爱之心，百姓学了礼仪之道，就容易听使唤。'"

孔子对学生们说："弟子们！子游的话是对的，我刚才说的话只不过是开玩笑罢了！"

[7.60]（3.25）

子谓《韶》："尽美矣，又尽善也。" 谓《武》，"尽美矣，未尽善也。"

【注释】

《武》：传说周武王时的乐曲名，是歌颂周武王的，武王是以武力讨伐商纣而得天下的，所以孔子认为此乐不十分完善。

【译文】

孔子谈到《韶》乐时，说："《韶》乐优美极了，内容也好得很。"谈到《武》时，说："《武》乐优美极了，不过内容还不十分完好。"

[7.61]（14.44）

阙党童子将命。或问之曰："益者与？" 子曰："吾见其居于位也，见其与先生并行也。非求益者也，欲速成者也。"

【注释】

阙党：地名，在今山东曲阜。

将命：请命，问前途。将（qiāng）：请。命：命运。

【译文】

阙党的一个小孩问孔子将来前途如何。有人问："这孩子是个求上进的人吗？”孔子说：“我看他坐的位置，看他与老师并肩而行。他并不是一个求上进的人，是一个急于求成的人。”

[7.62]（16.14）

邦君之妻，君称之曰夫人，夫人自称曰小童；邦人称之曰君夫人，称诸异邦曰寡小君；异邦人称之，亦曰君夫人。

【译文】

国君的妻子，国君称她为夫人，她自称是小童；国内人称她为君夫人，但对外国人就称寡小君；外国人称呼她也叫做君夫人。

[7.63]（18.9）

大师挚适齐，亚饭干适楚，三饭缭适蔡，四饭缺适秦，鼓方叔入于河，播鼗武，入于汉，少师阳、击磬襄入于海。

【注释】

大师挚：大师名挚。大师：鲁国最高的乐官。

适齐：去了齐国。

亚饭干：第二次吃饭时奏乐的乐师名干。古代天子、诸侯吃饭时都要奏乐，因此有亚饭、三饭、四饭之分。

鼓方叔：击鼓的乐师叫方叔。

播鼗（táo）武：摇小鼓的名武。 鼗：小鼓。

少师阳：副乐师名阳。

击磬襄：敲磬的乐师名襄。

【译文】

大师挚去了齐国，亚饭乐师干去了楚国，三饭乐师缭去了蔡国，四饭乐师缺去了秦国，打鼓乐师方叔去了黄河地区，摇小鼓的武去了汉水之地，少师阳和敲磬的乐师襄去了海滨了。

[7.64]（3.16）

子曰："射不主皮，为力不同科，古之道也。"

【注释】

射不主皮：射主要以射中为主，不在于将皮射破。射：此处不是指实际战场上射箭，而是为了演习礼乐用，不要求射破用皮做成的靶子。

为：介词。因为。

科：类别。

【译文】

孔子说："射艺主要不在于射透箭靶子，因为每人的力量是不同的，这是自古以来的规矩。"

【君子之道】

[8.1]（1.4）

曾子曰：“吾日三省吾身：为人谋而不忠乎？与朋友交而不信乎？传不习乎？”

【注释】

三：再三，多次。在古汉语里，“三”和“九”往往不是具体的数字，而是泛指多次。

省（xǐng）：察看，检查。

身：自身、自己。

为（wēi）：给、替。

谋：谋利、商量。

忠：尽心竭力。

信：言语真实、讲信用。

传：传达、传授。

习：学习，反复练习。

【译文】

曾子说：“我每天要多次检查自己：替别人办事是否尽心了？与朋友相交是否诚实、讲信用？老师讲授的课程是否认真复习？”

[8.2]（1.7）

子夏曰：“贤贤，易色；事父母，能竭其力；事君，能致其身；与朋友交，言而有信。虽曰未学，吾必谓之学矣。”

【注释】

贤贤：第一个贤字为动词，崇尚尊重；第二个贤字为名词，指有道德有才能的人。

易色：易为轻视，色即女色。

事：奉事、侍奉，为之服务。

致：尽，极

【译文】

子夏说："尊重贤人，不沉迷女色；侍奉父母，能尽自己全力；为君主服务，能不惜牺牲；交结朋友，言而有信，讲究信用。尽管这种人自谦说自己没读过什么书，我一定称他是读过诗书的。

[8.3]（1.13）

有子曰："信近于义，言可复也。恭近于礼，远耻辱也。因不失其亲，亦可宗也。"

【注释】

信：言语真实；讲信用。

义：合宜的道德、行为或道理。

复：重复，恢复、回应。

恭：恭敬，谦逊有礼。

宗：同祖称宗。

【译文】

有子说："讲真话，又合乎道理，所讲的话就能被实现。恭敬，又符合礼节，可以免受羞辱。它们之间的相互关系，就像是宗族亲戚，紧密相联。"

[8.4]（1.14）

子曰："君子食无求饱，居无求安，敏于事而慎于言，就有道而正焉，可谓好学也已。”

【注释】

就：接近、靠近、趋向。
道：途径、方法、措施。
正：纠正。

【译文】

孔子说：“君子吃饭不求饱，居住不讲究舒适，办事敏捷，说话谨慎，这就有办法纠正自身的缺点错误了，可称得上好学上进。”

[8.5]（1.15）

子贡曰：“贫而无谄，富而无骄，何如？”子曰：“可也；未若贫而乐，富而好礼者也。”

子贡曰：“《诗》云：‘如切如磋，如琢如磨’，其斯之谓与？”子曰：“赐也，始可与言《诗》已矣，告诸往而知来者。”

【注释】

谄：巴结、奉承。

如切如磋，如琢如磨：摘自《诗经 · 卫风 · 淇奥》，切：用刀切断；磋：用锉锉平；琢：用刀雕刻；磨：用物磨光。诗意是加工象牙，切了还要磋，使其更光滑；加工玉石，琢了还要磨，使其更细腻。比喻君子自我修养要有更高的标准。

赐：孔子直呼子贡的名字。

“始可与言《诗》已矣”即“始可与汝（你）言《诗》已矣”

诸往：各种以往事。诸：众、各。往：过去、已知的。

来者：未来的事。

【译文】

子贡说："虽然贫穷，却不巴结奉承；虽然富有，却不骄傲自大，这样做，怎么样？"孔子说："当然可以，但还是比不上虽贫穷但还是乐于自我修养，虽富有仍然崇尚礼节。"

子贡说："《诗经》上说：'君子自我修养就如同加工骨器切了再锉，加工玉器琢了再磨'，是这样讲的吧？"孔子说："子贡呀！现在可以与你谈《诗经》了，告诉这一点就可以领悟那一点了。"

[8.6]（2.12）

子曰："君子不器。"

【注释】

器：器具。器具是为某种需要而制作，只能有特定的用途。而人要有多种才能。

【译文】

孔子说："君子不是器具，仅有一种特定用途。"

[8.7]（5.4）

子贡问曰："赐也何如？"子曰："女，器也。"曰："何器也？"曰："瑚琏也。"

【注释】

女：汝，你。

瑚琏：古代宗庙盛黍稷的器皿，相当珍贵。意指尽管珍贵，还未达全才之境。

【译文】

子贡问孔子："我这个人怎么样？"孔子说："你呀，就象一件器具。"子贡又问："是什么器具？"孔子答："宗庙里的瑚琏也。"

[8.8]（2.13）

子贡问君子。子曰："先行其言而后从之。"

【注释】

行：做、执行。

【译文】

子贡问怎样才算得上君子，孔子说："先去兑现自己所要说的，兑现了再说。"

[8.9]（2.14）

子曰："君子周而不比，小人比而不周。"

【注释】

周：合、合群，团结人。

比：勾结。成语有'朋比为奸'。

【译文】

孔子说："君子与人团结，不相互勾结；小人相互勾结、结党营私，但并不讲团结。"

[8.10]（2.24）

子曰："非其鬼而祭之，谄也：见义不为，无勇也。"

【注释】

非其鬼：不是那些该祭的鬼神。古时认为人死后有'灵魂'，称之为'鬼'。

【译文】

孔子说："不是自己该祭的鬼神，也去祭祀它，这是献媚；眼见正义的事而不奋不顾身地去做，这是没有勇气。

[8.11]（4.11）

子曰："君子怀德，小人怀土；君子怀刑，小人怀惠。"

【注释】

刑：法式、典范、规矩。

惠：恩惠。

【译文】

孔子说："君子每天牵挂的是自己的道德修养，小人惦记的总是自己的家乡；君子心中始终有一份规矩、法度，不得超越，小人满脑子想的是小恩小惠，自己的私利。"

[8.12]（4.15）

子曰："参乎！吾道一以贯之。"曾子曰："唯。"

子出，门人问曰："何谓也？"曾子曰："夫子之道，忠恕而已矣。"

【注释】

道：主张、思想、学说。

唯：应答声。

忠：忠心耿耿。

恕：宽恕、原谅、用自己的心推想别人的心。

【译文】

孔子说："参呀！我的主张可以用一个基本思想来贯穿。"曾子说："是呀。"

孔子离开后，别的学生问曾子："老师说的是什么意思？"曾子说："老师的学说，讲的就是忠和恕。"

[8.13]（15.24）

子贡问曰："有一言而可以终身行之者乎？"子曰："其恕乎！己所不欲，勿施于人。"

【译文】

子贡向孔子问道："有一句话可以终身奉行的吗？"孔子回答说："那就是'恕'吧！自己不喜欢的，不要强加给别人。"

[8.14]（4.16）

子曰："君子喻于义，小人喻于利。"

【注释】

喻：知道、了解、明白。古时喻与谕通用。到后来，在'比喻的意义'上用喻，在'告诉的意义'上用谕。

【译文】

孔子说："君子明白的是大义，小人懂得的是私利。"

[8.15]（4.17）

子曰："见贤思齐焉，见不贤而内自省也。"

【注释】

齐：同等。

省：察看、检查。

【译文】

孔子说："看见贤人，就想向他看齐；看见不贤的人，就检查自己，有没有同样的问题。"

[8.16]（4.22）

子曰："古者言之不出，耻躬之不逮也。"

【注释】

躬：身体，自身，亲自。

逮：及、达到。不逮即达不到、做不到。

【译文】

孔子说："古人不轻易说话，不吹牛放炮，他们认为说了之后自身做不到是可耻的。"

[8.17]（4.23）

子曰："以约失之者鲜矣。"

【注释】

约：约束、束缚。

鲜：少。

【译文】

孔子说："对自己的行为进行约束而犯错的事情是很少见的。"

[8.18]（4.24）

子曰："君子欲讷於言而敏於行。"

【注释】

讷（nè）：语言迟钝，不善于讲话。

【译文】

孔子说："君子说话要谨慎，做事要敏捷。"

[8.19]（5.11）

子曰："吾未见刚者。"或对曰："申枨。"子曰："枨也欲，焉得刚？"

【注释】

刚者：刚强之人。

或：也许有人，有的人。

申枨：人名，姓申，名枨（cheng），字周。

【译文】

孔子说："我没有见过坚强不屈的人。"有人说："申枨就是。"孔子说："申枨么，有私欲，怎能说坚强不屈呢？"

[8.20]（5.16）

子谓子产，"有君子之道四焉：其行己也恭，其事上也敬，其养民也惠，其使民也义。"

【注释】

子产：人名，姓公孙，名侨，字子产，郑国大夫。

君子之道：君子所具备的道德、核心思想。

恭：恭敬、谦逊有礼。

敬：尊敬、尊重。恭和敬是同义词，但恭着重在外貌方面，敬着重在内心方面。惠：仁爱、恩惠。

【译文】

孔子评论子产："他有君子的四种道德品行：他行为谦逊有礼，侍奉君主非常尊敬，对待百姓恩惠仁爱，使役百姓合乎道义。"

[8.21]（5.23）

子曰："伯夷、叔齐，不念旧恶，怨是用希。"

【注释】

伯夷、叔齐：商末孤竹国国君的二个儿子，因互相推让国君地位而出逃。周灭商后，他们耻于吃周食，最后饿死在隐居的首阳山。

是用：因此。

希：少，通稀。

【译文】

孔子说："伯夷、叔齐不计较不顾念以往的仇怨，因此怨恨就少了。"

[8.22]（5.27）

子曰："已矣乎，吾未见能见其过而自讼者也。"

【注释】

已矣：相当现代说：得了。已：完毕。矣：语气词，相当于现代汉语'了'。

讼：争论、争辩。自讼：自己责备。

【译文】

孔子说："得了吧！我还从未看到过一个能够发现自己的过错而自责的人。"

[8.23]（6.9）

季氏使闵子骞为费宰。闵子骞曰："善为我辞焉！如有复我者，则吾必在汶上矣。"

【注释】

费宰：鲁国大夫季式封地"费"的总管。费：地名。宰：某地的长官。

复我：再来召我。

汶上：指汶水的北面，暗指齐国。汶：水名，今山东的大汶河。

【译文】

季氏派人要闵子骞做他封地费这个地方的总管。闵子骞说："好好代我婉言谢绝吧！如果再来召我去，我肯定已在汶水北边去了。"

[8.24]（6.11）

子曰："贤哉，回也！一箪食，一瓢饮，在陋巷，人不堪其忧，回也不改其乐。贤哉，回也！"

【注释】

箪（dān）：古代盛饭的圆形竹器。

堪：忍受，经得起。

【译文】

孔子说："多么贤德的颜回呵！一碗饭，一瓢水，住在简陋的巷子里，别人忍受不了这种苦楚，而颜回却不改他的乐观。多么贤德啊，颜回！"

[8.25]（6.13）

子谓子夏曰："女为君子儒！无为小人儒！"

【注释】

儒：读书人。春秋时期熟悉诗书礼乐，主张礼治，强调传统伦理关系的知识分子。

【译文】

孔子对子夏说："你应该做一个有道德修养的君子型学者，不

要做一个缺德无修养的小人式的学者。”

[8.26]（6.14）

子游为武城宰。子曰：“女得人焉耳乎？”曰：“有澹台灭明者，行不由径，非公事，未尝至于偃之室也。”

【注释】

武城：鲁国的小城邑。

澹台灭明：人名，后成为孔子学生。澹台，复姓。

耳乎：语气词。有的《论语》书写成‘尔乎’。

行不由径：用现在的语言讲就是从不走后门。由：经由。径：小路。

偃：子游的名字。

【译文】

子游做武城这个地方的长官。孔子说：“你在那儿得到了人才吗？”子游说：“有一个叫澹台灭明的人，办事公正，不走后门，不为公事，从不到我的屋里来。”

[8.27]（6.18）

子曰：“质胜文则野，文胜质则史。文质彬彬，然后君子。”

【注释】

质：本质，实体。

文：华美，有文采，与‘质’相对。

野：鄙陋，缺乏文采。

史：史官，在官府掌管文书的人往往浮华虚夸，掩盖丑陋。

彬彬：参杂搭配适当。文质彬彬指既有文采，又有良好的道德品质。

【译文】

孔子说："质地胜过文采，显得粗俗野蛮，文采胜过质地，显得浮华虚夸。质地和文采搭配适当，算得上君子。"

[8.28]（6.19）

子曰："人之生也直，罔之生也幸而免。"

【注释】

罔：骗取、欺骗。指不正直的人。

【译文】

孔子说："一个人正直，在世界上能生存，不正直的人能在世界上生存下来，只是侥幸而已，只是幸免于难。"

[8.29]（6.27）

子曰："君子博学于文，约之以礼，亦可以弗畔矣夫！"

（12.15）

子曰："博学于文，约之以礼，亦可以弗畔矣夫！"

【注释】

弗畔：弗畔即为不背叛、不背离。弗：不。畔：通'叛'，背叛，叛乱。

【译文】

孔子说："君子要广泛学习一切知识，并且用礼来约束自己，这样就可以不背离君子之道了！"

[8.30]（7.3）

子曰："德之不修，学之不讲，闻义不能徙，不善不能改，是吾忧也。"

【注释】

讲：研究、商讨。

徙（xǐ）：迁移。

【译文】

孔子说："品德不加以修养，学问不勤于钻研，听到合宜的道义不去执行，有缺点又不改正，这些都是我所忧虑的啊！"

[8.31]（7.6）

子曰："志于道，据于德，依于仁，游于艺。"

【注释】

艺：指礼、乐、射、御、书、数（礼节、音乐、射箭、驾车、写字、算术）六种本领。是当时贵族教育培养子弟的内容。

【译文】

孔子说："志向在'道'上，执行在'德'上，依据在'仁'上，游娱在'艺'上。"

[8.32]（7.16）

子曰："饭疏食，饮水，曲肱而枕之，乐亦在其中矣！不义而富且贵，于我如浮云。"

【注释】

饭疏食：吃粗糙的饭食。饭：吃、做动词。疏食：粗饭。

曲肱(gong)：弯曲着的胳膊。肱：指由肘到肩的部分，泛指手臂。

【译文】

孔子说："吃粗食，喝白水，弯着手臂当枕头，乐在其中呀！用不义手段而获得富贵，对我来说就如同天上的浮云。"

[8.33]（7.26）

子曰："圣人，吾不得而见之矣；得见君子者，斯可矣。"

子曰："善人，吾不得而见之矣；得见有恒者，斯可矣。亡而为有，虚而为盈，约而为泰，难乎有恒矣。"

【注释】

有恒者：始终如一保持良好道德的人。

亡而为有：没有装成有。亡（wu）：同'无'，没有。

虚而为盈：本来空虚却装得充实。盈：充满。

约而为泰：节俭装成宽裕，贫穷装成富裕。约：节俭。泰：宽裕。

【译文】

孔子说："圣人，我是看不到了；能看到君子，也就可以了。"

孔子又说："善人，我是看不到了；能看到始终如一保持良好

道德的人就可以了。没有装成有，空虚装成充实，节俭装成宽裕，这是难以持之以恒的。”

[8.34]（7.31）

陈司败问：“昭公知礼乎？”孔子曰：“知礼。”

孔子退，揖巫马期而进之，曰：“吾闻君子不党，君子亦党乎？君取于吴，为同姓，谓之吴孟子。君而知礼，孰不知礼？”

巫马期以告。子曰：“丘也幸，苟有过，人必知之。”

【注释】

陈司败：陈国主管司法的官。司败，官名，即司寇。

昭公：鲁昭公，鲁国国君。参见 [10.65] 注释。

揖巫马期而进之：陈司败作揖请巫马期走近自己。进，前进，向前靠近自己。

党：袒护、偏袒。

君取于吴，为同姓，谓之吴孟子：鲁国国君娶了吴国女子做妻子。鲁国是周公的后代，姓姬，而吴国是太伯的后代，也姓姬，从而夫妻二人同姓。在周朝，礼法规定‘同姓不婚’，鲁娶于吴，所以应称吴姬，为掩人耳目，改称吴孟子，从而不合礼法。

苟有过：如果有过错。苟：连词，如果、假设。

【译文】

陈司败问孔子：“鲁昭公知礼吗？”孔子说：“知礼。”

孔子走出去后，陈司败作揖请巫马期走近自己，说：“我听说君子不袒护别人，难道孔子还会袒护别人吗？鲁君从吴国娶了位夫人，那是同姓的，称她为吴孟子。鲁君如果算得上知礼，那还有谁不知礼呢？”

巫马期将这番话告诉了孔子。孔子说："我孔丘真幸运，如果有错误，别人一定会知道。"

[8.35]（7.33）

子曰："文，莫吾犹人也。躬行君子，则吾未之有得。"

【注释】

莫：表示揣测和反问。

躬行：亲身实行。

【译文】

孔子说："在文化知识、礼乐典章制度方面，我大概与别人差不多。在身体力行做君子方面，那我还没有做到。"

[8.36]（7.36）

子曰："奢则不孙，俭则固。与其不孙也，宁固。"

【注释】

孙（xùn）：通'逊'。

固：鄙陋。

【译文】

孔子说："奢侈就显得骄纵，节俭就显得鄙陋。与其骄纵，宁可鄙陋。"

[8.37]（7.37）

子曰："君子坦荡荡，小人长戚戚。"

【注释】

坦荡荡：坦：平广，宽广。荡荡：广大的样子。

长戚戚：长：经常。戚：忧愁，悲伤。

【译文】

君子总是心胸宽广，小人经常忧愁悲伤。

[8.38]（8.11）

子曰："如有周公之才之美，使骄且吝，其余不足观也已。

【注释】

使：连词，假使，假若。

足：配，值得。

【译文】

孔子说："即使有周公那样的才干、美貌，如果既骄傲又吝啬，那么其他方面就不值得看了。"

[8.39]（8.6）

曾子曰："可以托六尺之孤，可以寄百里之命，临大节而不可夺也。君子人与？君子人也。"

【注释】

六尺之孤：按古尺六尺约合现在一百三十八厘米，这样身高的一般是小孩，所以六尺之孤是指死去父亲的孤儿。

百里：根据周制此指诸侯国。

【译文】

曾子说："可以把年幼的君主托付给他，可以把国家的政令托付给他，在安危存亡的紧要关头不动摇屈服。这样的人可以称得上是君子吧？可以称得上是君子啊！"

[8.40]（8.12）

子曰："三年学，不至于谷，不易得也。"

【注释】

不至于谷：不想做官。至：到达，此处有主观上没有想去达到。谷：古时以谷来做俸禄，有谷即有官位。

【译文】

孔子说："读了多年的书，还不想做官，这样的人难得呀！"

[8.41]（14.26）

子曰："不在其位，不谋其政。"

曾子曰："君子思不出其位。"

（8.14）

子曰："不在其位，不谋其政。"

【译文】

孔子说："不在职位上，就不要考虑职位上的政事。"

曾子曰："君子所思考的问题不应超出自己的职权范围。"

[8.42]（8.13）

子曰："笃信好学，守死善道。危邦不入，乱邦不居。天下有道则见，无道则隐。邦有道，贫且贱焉，耻也。邦无道，富且贵焉，耻也。"

【译文】

孔子说："坚定信念、勤奋学习，誓死捍卫正确的主张、思想。政局危机的国家不去，政治混乱的国家不住。天下太平就出来做官，天下混乱就隐退。国家政治清明时，自己贫穷而且不得志就是耻辱；国家政治黑暗时，自己富裕而且得志，是可耻的。"

[8.43]（9.2）

达巷党人曰："大哉孔子！博学而无所成名。"子闻之，谓门弟子曰："吾何执？执御乎？执射乎？吾执御矣。"

【注释】

达巷党：达巷这个地方。党是古时的一种居民组织，五百家为一党。

【译文】

达巷这个地方的人说："真伟大呀，孔子！他学识渊博，可是没有一技之长使他出名。"孔子听后，对他门下的学生说："我怎么办呢？去驾车？去射箭？我还是去驾车吧。"

[8.44]（9.4）

子绝四，毋意，毋必，毋固，毋我。

【注释】

意：怀疑、猜测，有主观想象的意思。

【译文】

孔子绝对不存在四种毛病：不凭空猜测，不绝对肯定，不固执己见，不唯我独尊。

[8.45]（12.4）

司马牛问君子。子曰："君子不忧不惧。"

曰："不忧不惧，斯谓之君子已乎？"子曰："内省不疚，夫何忧何惧？"

【注释】

疚：忧苦，内心痛苦。

【译文】

司马牛问怎样才算是君子。孔子说："君子不忧愁，不恐惧。"

司马牛说："不忧愁，不恐惧，就可以称为君子了吗？"孔子说："自己问心无愧，哪里还有什么可以忧虑和恐惧呢？"

[8.46]（12.6）

子张问明。子曰："浸润之谮，肤受之愬，不行焉，可谓明也已矣。浸润之谮，肤受之愬，不行焉，可谓远也已矣。"

【注释】

浸润之谮：如水浸润物品似的谗言处处渗透。谮（zèn）：说坏话诬陷别人。

肤受之愬：切肤之痛。愬（suǒ）：惊恐。

【译文】

子张问怎样算是明事理。孔子说："满天飞的诬告、谗言，让人浑身难受，在你这里都行不通，那就可以说你明事理了。满天飞的诬告、谗言，让人浑身难受，在你面前都行不通，那就可以说是你看的远了。"

[8.47]（3.7）

子曰："君子无所争。必也射乎！揖让而升，下而饮。其争也君子。"

【注释】

必也射：假若有争那就是射箭。必：倘若、假如。射：射箭比赛。

揖让而升：互相作过揖，谦让着登阶入堂。升：登阶入堂。

【译文】

孔子说："君子没有什么可争的事情。如果一定要争的话，也就是射箭比赛吧！这种比赛也是互相作揖，谦让一番，再登堂比赛，比赛后，再下堂互相敬酒。这样的争，也是君子之争。"

[8.48]（13.22）

子曰："南人有言曰：'人而无恒，不可以作巫医。'善夫！"

"不恒其德，或承之羞。"子曰："不占而已矣。"

【注释】

南人：南方人。

巫医：用巫术治病的人。

不恒其德，或承之羞：此二句引子《易经 · 恒卦 · 九三》的爻辞，意思是三心二意，翻云覆雨，就常会有羞辱随后而来。

占：古代用龟甲或蓍（shī）草推算吉凶的一种活动。

【译文】

孔子说："南方人有句话说：'做人如果没有恒心，是不可以做巫医的'！这句话说得好啊！"

《易经》说："三心二意，不坚守自己的德操，就会承受羞辱。"孔子说："说这句话的意思是要无恒心的人不要去占卦罢了。"

[8.49]（13.23）

子曰："君子和而不同；小人同而不和。"

【译文】

孔子说："君子能相互和谐共处，但可以存在不同见解；小人表面一致却不能和谐共处。"

[8.50]（13.26）

子曰："君子泰而不骄；小人骄而不泰。"

【译文】

孔子说："君子泰然自若而不骄傲，小人傲慢而心情不安。"

[8.51]（14.23）

子曰："君子上达，小人下达。"

【译文】

孔子说："君子目光远大，小人目光浅薄。"

[8.52]（14.27）

子曰："君子耻其言而过其行。"

【译文】

孔子说："君子厌恶言过其行。"

[8.53]（15.21）

子曰："君子求诸己；小人求诸人。"

【注释】

诸：相当于'之于'。

求：要求。

【译文】

孔子说："君子对自己要求严格，小人对他人要求苛刻。"

[8.54]（15.34）

子曰："君子不可小知而可大受也；小人不可大受而可小知也。

【译文】

孔子说："君子不可以用小事情来考察他，而可以让他接受重大任务；小人不能够让他接受重大任务，而可以用小事情考验他。"

[8.55]（11.21）

子曰："论笃是与，君子者乎？色庄者乎？"

【注释】

论笃是与：即'与论笃'的倒装，'是'字起到把宾语'论笃'提到动词'与'前面的作用。'论笃是与'的意思是：赞许说话诚实的人。笃（dǔ）：忠诚。与：赞许。

【译文】

孔子说："只是赞许说话诚实的人，这种人是真正的君子呢？还是仅仅从容貌上装着庄重的人呢？"

[8.56]（12.16）

子曰："君子成人之美，不成人之恶；小人反是。"

【译文】

孔子说："君子要成全别人的好事，不促成别人干坏事。而小人则恰恰相反。"

[8.57]（12.20）

子张问："士人何如斯可谓之达矣？"子曰："何哉？尔所谓

达者。”子张对曰：“在邦必闻，在家必闻。”子曰：“是闻也，非达也。夫达也者，质直而好义，察言而观色，虑以下人。在邦必达，在家必达。夫闻也者，色取仁而行违，居之不疑。在邦必闻，在家必闻。”

【注释】

士人：有的版本中无‘人’字。

达：得志、显贵、显达。《孟子 · 尽心上》：‘穷则独善其身，达则兼善天下。’

邦：诸侯的封国。

家：大夫统治的地方。

闻：声誉、名声。

虑以下人：对人谦恭有礼。

色：脸色、外表。

【译文】

子张问：“读书人怎样做才可以显达呢？”孔子说：“你说的显达是什么意思？”子张说：“在国有名气，在家乡有名气。”孔子说：”这是有名气，并不是显达。所谓显达，要质朴正直，喜爱道义，能观察别人的神色，分析别人的言语，对人谦恭有礼。在国必然显达，在家乡必然显达。至于有名气，外表显得仁德，而实际行为则相反，自己以仁人自居不加怀疑。这种行为，在国必定有名，在家乡必定有名。”

[8.58]（14.1）

宪问耻。子曰：“邦有道，谷；邦无道，谷，耻也。”

“克、伐、怨、欲，不行焉，可以为仁矣？”子曰：“可以为难矣，仁则吾不知也。”

【注释】

宪：原宪，孔子学生，为孔子家总管。

邦：古代诸侯封国。

谷：俸禄。

克：战胜、攻破、好胜。

伐：夸耀。

行：执行，做。

【译文】

原宪向孔子请教，什么是耻辱。孔子说："国家政治清明，可以做官领俸禄；国家政治昏暗，做官领俸禄就是耻辱。"

原宪又问："好胜、夸耀、怨恨和贪婪这四种毛病都没有，可以称得上仁吧？"孔子说："能做到可算难能可贵了，至于是不是仁，那我就不能由此断定了。"

[8.59]（14.4）

子曰："有德者必有言；有言者不必有德。仁者必有勇；勇者不必有仁。"

【译文】

孔子说："有道德的人必定有好的言论，有好言论的人不一定有道德。仁者必定勇敢，而勇敢的人不一定有仁德。"

[8.60]（14.12）

子路问成人。子曰："若臧武仲之知，公绰之不欲，卞庄子之勇，冉求之艺，文之以礼乐，亦可以为成人矣。"曰："今之成人者何必然？见利思义，见危授命，久要不忘平生之言，亦可以为成人矣。”

【注释】

成人：全人，完美无缺的人。

臧武仲：鲁国大夫臧孙纥（hé）。

公绰：孟公绰。鲁国大夫。

卞庄子：鲁国大夫，其封地在卞邑，凭勇气著称。

冉求：孔子学生，多才多艺。

要：要挟、威胁。

【译文】

子路问怎样才算是完美之人。孔子说：“像臧武仲那样有智慧，孟公绰那样清心寡欲，有卞庄子那样的勇敢精神，如冉求那样多才多艺，再用礼乐修养增加其文采，就可以成为完美的人了。”又说：“现在的完美之人又何必一定这样呢？只要在财利面前能用道义要求自己，在危险面前不怕牺牲，即使长期受到威胁也不改平日的诺言，这也就可以算是一个完美的人了。”

[8.61]（14.10）

子曰：“贫而无怨难，富而无骄易。”

【译文】

孔子说：“贫穷中没有怨恨，很难做到，富贵时不骄傲，就容易做到。”

[8.62]（14.28）

子曰：“君子道者三，我无能焉，仁者不忧，知者不惑，勇者不惧。”子贡曰：“夫子自道也。”

【译文】

孔子说："评价君子有三条，我一条也没有做到。仁德的人不忧虑，聪明的人不迷惑，勇敢的人不惧怕。"子贡说："这恰好是老师对自己的描述呀。"

[8.63]（14.42）

子路问君子。子曰："修己以敬。"

曰："如斯而已乎？"曰："修己以安人。"

曰："如斯而已乎？"曰："修己以安百姓。修己以安百姓，尧、舜其犹病诸！"

【译文】

子路问怎样做一个君子。孔子说："把自己修身养性成恭敬谦逊。"

又问："像这样就行了？"孔子说："把自己修身养性成使周围人安稳、快乐。"

子路再问："像这样就够了吗？"孔子说："把自己修身养性以使天下百姓安稳、快乐。真能做到使天下百姓安稳、快乐，尧、舜尚且难得做到！"

[8.64]（15.7）

子曰："直哉，史鱼！邦有道如矢，邦无道如矢。君子哉，蘧伯玉！邦有道则仕；邦无道则可卷而怀之。

【注释】

史鱼：卫国大夫，史鰌(qiū)，字子鱼。他临死时嘱咐儿子不要'治丧正室'，以此劝告卫灵公进用蘧伯玉，斥退弥子瑕，古人称之为'尸谏'。

卷而怀之：将自己东西收拾起来抱走。指不参与政事，离开政界。卷：收起。怀：怀抱。

【译文】

孔子说："好一个正直的史鱼！国家政治清明时，他像箭一样刚直，国家政治黑暗时，仍然刚直不阿。好一个君子蘧伯玉！国家政治清明时他出来做官；国家政治黑暗时，他就回家不干了。"

[8.65]（15.4）

子曰："由，知德者鲜矣！"

【译文】

孔子说："仲由呀，懂得'德'的人太少了。"

[8.66]（15.12）

子曰："人无远虑，必有近忧。"

【译文】

孔子说："人没有长远打算，一定会有眼前忧虑。"

[8.67]（15.18）

子曰："君子义以为质，礼以行之，孙以出之，信以成之。君子哉！"

【译文】

孔子说："君子做人的根本要符合道义，按照礼节实行它，用谦逊的言语表达出来，用诚信的态度来完成它。这就是真君子呀！"

[8.68]（15.20）

子曰："君子疾没世而名不称焉。"

【注释】

疾：痛恨、担心。

没世：死亡。

【译文】

孔子说："君子非常担心，到死还没有被人称颂的好名声。"

[8.69]（15.22）

子曰："君子矜而不争，群而不党。"

【注释】

矜（jīn）：庄重。

党：集团、勾结。

【译文】

孔子说："君子庄重自守而不与人争吵，与人合作相处但不与人勾结。”

[8.70]（15.23）

子曰：“君子不以言举人，不以人废言。”

【译文】

孔子说：“君子不因一个人能说好听的就提拔他，也不因为一个人品德差就把他正确的话弃之不理。”

[8.71]（15.36）

子曰：“当仁，不让于师。”

【译文】

孔子说：“在对待仁这个问题上，可以不必对老师讲谦让。”

[8.72]（15.37）

子曰：“君子贞而不谅。”

【注释】

贞：坚定、有操守、正派。

谅：体谅，原谅。

【译文】

孔子说：“君子正派、有操守，在原则问题上从不妥协。”

[8.73]（15.38）

子曰：“事君，敬其事而后其食。”

【译文】

孔子说："侍奉国君，把敬守职责放在首位，把俸禄放在后面。"

[8.74]（17.26）

子曰："年四十而见恶焉，其终也已！"

【注释】

见：表示被动，相当于'被'

【译文】

孔子说："人活四十还被人厌恶，这一辈子大概也就完了。"

[8.75]（19.11）

子夏曰："大德不逾闲，小德出入可也。"

【注释】

逾：越过，超越。
闲：栅栏，养马的圈。

【译文】

子夏说："人在大节上不能出问题，小节上有点闪失还是可以原谅的。"

[8.76]（19.8）

子夏曰："小人之过也必文。"

【注释】

文：文饰，掩饰。

【译文】

子夏说："小人对自己的过错一定会进行掩饰。"

[8.77]（15.29）

子曰："人能弘道，非道弘人。"

【注释】

弘：扩大、光大。

【译文】

孔子说："人的才干能够把道发扬光大，并不是道能扩大人的才干。"

[8.78]（15.30）

子曰："过而不改，是谓过也。"

【译文】

孔子说："有错不改，就是错误。"

[8.79]（16.8）

孔子曰："君子有三畏：畏天命，畏大人，畏圣人之言。小人不知天命而不畏也，狎大人，侮圣人之言。"

【注释】

大人：指地位在上的人。

圣人：指道德修养极高的人。

狎（xiá）：轻侮。

【译文】

孔子说："君子有三件敬畏的事：敬畏天命，敬畏高位的人，敬畏圣人的言语。而小人不懂得天命，因此不怕它，也不尊重高位的人，还对圣人的言语进行戏侮。"

[8.80]（16.10）

孔子曰："君子有九思：视思明，听思聪，色思温，貌思恭，言思忠，事思敬，疑思问，忿思难，见得思义。"

【注释】

视、见：这二个字都表示看，但视表示看的动作，见是看的结果。

【译文】

孔子说："君子有九种情况要思考：看时，考虑是否看清楚了；听是否听清楚了；脸色是否温和；神态是否庄重；说话是否忠诚；做事是否严肃认真；遇到疑问，要考虑向人请教；欲发怒，要考虑有什么后果；获得财物要考虑是否合乎道义。"

[8.81]（16.11）

孔子曰："见善如不及，见不善如探汤。吾见其人矣，吾闻其语矣。隐居以求其志，行义以达其道。吾闻其语矣，未见其人也。”

【译文】

孔子说：“看见善的好的事情，奋力追求，生怕赶不上；看见丑的恶的事情就像是手探入滚沸的水中一样，要赶紧躲开。我见过这样的人，也听过这样的话。避世隐居保全自己的意志，按义来实现自己的理想。我听到这样的话，但还没有见过这样的人。”

[8.82]（17.23）

子路曰：“君子尚勇乎？”子曰：“君子义以为上。君子有勇而无义为乱，小人有勇而无义为盗。”

【译文】

子路说：“君子崇尚勇敢吗？”孔子说：“君子把义看成是至高无上的。君子有勇无义，就会犯上作乱；小人有勇无义，就会当强盗。”

[8.83]（17.24）

子贡曰：“君子亦有恶乎？”子曰：“有恶。恶称人之恶者，恶居下流而讪上者，恶勇而无礼者，恶果敢而窒者。”

曰：“赐也亦有恶乎？”“恶徼以为知者，恶不孙以为勇者，恶讦以为直者。”

【注释】

讪（shàn）：诽谤、诋毁。

窒（zhì）：阻塞不通，指顽固不化的人。

徼（jiǎo）：儌幸。

孙：通‘逊’，谦逊。

【译文】

子贡说："君子也有厌恶的人吗？"孔子说："有厌恶的人：厌恶散布别人坏话的人，厌恶处在下位而诽谤处在他上位的人，厌恶勇而无礼的人，厌恶认死理顽固不化的人。"

孔子反问："子贡，你也有讨厌的人吗？"子贡回答说："我讨厌靠侥幸得知还自以为聪明的人，讨厌毫不谦逊还自以为勇敢的人，讨厌揭别人短处还自以为直率的人。"

[8.84]（19.2）

子张曰："执德不弘，信道不笃，焉能为有？焉能为亡？"

【注释】

弘：扩大。

【译文】

子张说："对于道德不去发扬光大，信仰道义不坚定，对这样的人怎能算有他？怎样算无他？"

[8.85]（19.4）

子夏曰："虽小道，必有可观者焉；致远恐泥，是以君子不为也。"

【注释】

小道：小小的技艺。

可观者：值得称赞、有成绩的人。

泥：行不通。

【译文】

子夏："即使是小小的技艺，也值得称道这些有成绩的人；但从长远看，恐怕还是不行的。因此君子不搞这些小技艺。"

[8.86]（19.9）

子夏曰："君子有三变：望之俨然；即之也温；听其言也厉。"

【注释】

俨然：庄重的样子。

即：走近、靠近。

【译文】

子夏说："君子给人有三种变化的形象：远远看去庄严得很；走近他，接触他才觉得温和亲切；听他说起话来又使人感到严厉。"

[8.87]（6.26）

宰我问曰："仁者，虽告之曰'井有仁焉'，其从之也？"子曰："何为其然也？君子可逝也，不可陷也；可欺也，不可罔也。"

【注释】

逝：死。

陷：陷害。

欺：欺负、欺凌。

罔：骗取、欺骗、愚弄。

【译文】

宰我问道："有仁德的人，被告之说'井里有仁德。'他会跳下到井里吗？"孔子说："为什么要这样做呢？君子可以牺牲性命，不能被陷害；君子可以遭受欺凌，不可以被愚弄。"

（可以引申为肉体可以遭受迫害，思想不能被玷污。）

九

【交友处世】

[9.1]（1.10）

子禽问于子贡曰："夫子至于是邦也，必闻其政。求之与？抑与之与？"求之与？抑与之与？"子贡曰："夫子温、良、恭、俭、让以得之。夫子之求之也，其诸异乎人之求之与！"

【注释】

夫子：对人的敬称，凡做过大夫的人都被敬称为夫子，孔子曾做过鲁国的司寇，所以学生称他为夫子。后来沿袭称呼老师为夫子。

是邦：这（那）些诸侯国家。是：指示代词。

抑与：还是给予。抑：转折连词，还是。与：给予。

温、良、恭、俭、让：温和、善良、恭敬、节俭、谦让。

其诸：第三人称代词。

【译文】

子禽问子贡："先生每到一个国家，必然听到这个国家的政事。这是他去求人告诉的？还是别人主动提供的呢？"子贡回答说："先生凭温、良、恭、俭、让这种态度来取得别人的信任、尊敬，从而人家主动讲国家的政事告诉他。先生这种取得别人信任而获知政事的方法，与别人获知政事的方法大概不同吧！"

[9.2]（1.8）

子曰："君子不重则不威；学则不固。主忠信。无友不如己者。过则勿惮改。"

【注释】

主忠信：以忠实诚恳为主要品德。

无友不如己者：不能交不如自己的朋友。无：通毋，不要。

友：做动词，以……为友。

惮（dān）：畏惧、害怕。

【译文】

孔子说："君子如果自己不持重，就没有威严；即使学习了，所学知识还不会牢固。以忠实诚恳为主要品德。不交不如自己的朋友。有过错，不要怕改正。"

[9.3]（9.25）

子曰："主忠信，毋友不如己者，过则毋惮改。"

【译文】

孔子说："以忠实诚恳为主要品德。不交不如自己的朋友。有过错，不要怕改正。"

[9.4]（1.16）

子曰："不患人之不己知，患不知人也。"

【注释】

患：忧患，担忧。

不己知：即不知己。

【译文】

孔子说："不要担心人家不了解自己，要忧虑自己不理解别人。"

[9.5]（14.30）

子曰："不患人之不己知，患其不能也。"

【译文】

孔子说："不要担心别人不了解自己，要担心自己没有才能。"

[9.6]（15.19）

子曰："君子病无能焉，不病人之不己知也。"

【注释】

病：担心、忧虑。

【译文】

孔子说："君子只担心自己没有能力，不担心别人不了解自己。"

[9.7]（2.10）

子曰："视其所以，观其所由，察其所安。人焉廋哉？人焉廋哉？"

【注释】

视其所以，……所由，……所安：观察为什么做，怎样去做，出于什么心态去做。

焉：疑问代词，哪里。

廋（sou）：隐藏，藏匿。

【译文】

孔子说："要了解一个人，看他为什么要做，观察他怎样去做，再要看出于什么心态去做。这个人怎么隐藏得住呢？这个人怎么隐藏得住呢？”

[9.8]（2.22）

子曰：“人而无信，不知其可也。大车无輗，小车无軏，其何以行之哉？”

【注释】

人而无信：而是连词，连接主语与谓语，有如果或却的意思。人如果没有信用。

輗（ní），軏（yuè）：分别为古代大车、小车车辕与横木相连接的关键部位的木销子，没有輗、軏，车子就不能行走。

何以：凭什么。

【译文】

孔子说：“人如果不讲信用，真不知道他会成什么样子，大车小车如果没有輗、軏，车还能走吗？”

[9.9]（1.3），（17.17）

子曰：“巧言令色，鲜矣仁。”

【译文】

孔子说：“满口花言巧语，满脸装着和善的样子讨好人，这种人其实往往缺少仁德。”

[9.10]（4.12）

子曰："放于利而行，多怨。"

【注释】

放：放纵、放任。

【译文】

孔子说："放纵个人的利益，就会招来众多怨恨。"

[9.11]（4.25）

子曰："德不孤，必有邻。"

【译文】

孔子说："有道德的人，一定会有人与之为伴，不会孤单。"

[9.12]（4.26）

子游曰："事君数，斯辱矣；朋友数，斯疏矣。"

【注释】

事：奉事，替别人服务。

数（shuò）：屡次。

斯：连词，那么、就。

【译文】

子游说："侍奉君主，进谏次数过多，就会遭到侮辱；对朋友，劝告次数过多，朋友之间的关系就会疏远。"

[9.13]（12.23）

子贡问友。子曰："忠告而善道之，不可则止，毋自辱焉。"

【注释】

道：引导。

【译文】

子贡问交友。孔子说："忠心劝告，耐心引导他，如果不听，适可而止，不要自找侮辱。"

[9.14]（5.12）

子贡曰："我不欲人之加诸我也，吾亦欲无加诸人。"子曰："赐也，非尔所及也。"

【译文】

子贡说："我不希望别人把事情强加于我身上，我也不把事情强加到别人身上。"孔子说："赐呵，这并不是你能够做到的。"

[9.15]（5.17）

子曰："晏平仲善与人交，久而敬之。"

【注释】

晏平仲：名婴，字仲，'平'是谥号，齐国大夫。

【译文】

孔子说："晏平仲擅长与人交往，交往愈久，别人就越尊重他。"

[9.16]（5.20）

季文子三思而后行。子闻之，曰："再，斯可矣。"

【注释】

季文子：姓季孙，名行父，谥号'文'。

【译文】

季文子每办一件事，都要反复考虑后才行动，孔子听后说："考虑两次就行了。"

[9.17]（5.24）

子曰："孰谓微生高直？或乞醯焉，乞诸邻而与之。"

【注释】

孰：疑问代词，谁。
微生高：微山高姓微山，名高，鲁国人，以直爽出名。
醯：醋

【译文】

孔子说："谁说微山高直爽呵？有人向他讨点醋，他不直说家里没有，却向邻居要来再转给人家。"

[9.18]（5.25）

子曰："巧言、令色、足恭，左丘明耻之，丘亦耻之。匿怨而友其人，左丘明耻之，丘亦耻之。"

【注释】

令色：脸色和蔼。令：美、美好。

足恭：十足的恭敬。

左丘明：人名，鲁国人，传说《左传》为他所著。

丘：孔子自称。

匿怨：把怨恨隐藏起来。

【译文】

孔子说："甜言蜜语，和颜悦色，过分谦恭，左丘明认为这是可耻的，我也认为可耻。心里藏着怨恨，表面装出与人友好，左丘明认为可耻，我也认为这可耻。"

[9.19]（7.11）

子谓颜渊曰："用之则行，舍之则藏，惟我与尔有是夫。"

子路曰："子行三军，则谁与？"

子曰："暴虎冯河，死而不悔者，吾不与也。必也临事而惧，好谋而成者也。"

【注释】

暴虎冯河：空手打虎，徒步过河。出自《诗经·小雅·小旻》："不敢暴虎，不敢冯河。"冯（píng）：涉水。

【译文】

孔子对颜渊说："用我，就实行我的主张；不用我，就将它收藏起来。只有我和你能这样了！"

子路说："如果让你率领三军作战，您找谁来共事？"

孔子说："那种空手打虎、徒步过河死了都不后悔的人，我不与他共事。我要找临事不惧，小心谨慎，周密筹划，能取得成功的人来共事。”

[9.20]（7.29）

互乡难与言，童子见，门人惑。子曰：“与其进也，不与其退也，唯何甚！人洁己以进，与其洁也，不保其往也。”

【注释】

互乡：地名，此地有些人不太讲理。

与：第一个‘与’字是和得意思，以后的‘与’字是赞许的意思。

唯何甚：有什么过分。唯：句首语气词。甚：过分。

【译文】

互乡这个地方的人，难于跟他们打交道，可孔子却与互乡的孩子打上交道了。学生们觉得奇怪，感到困惑。孔子说：“我鼓励别人进步，不赞成别人退步，这有什么过分呢？人家已经去掉了污点有了进步，就要鼓励他，不要抓住人家的过去不放。”

[9.21]（8.2）

子曰：“恭而无礼则劳，慎而无礼则葸，勇而无礼则乱，直而无礼则绞。君子笃于亲，则民兴于仁。故旧不遗，则民不偷。

【注释】

葸（xǐ）：畏缩、胆怯。成语有‘畏葸不前’。

绞：说话尖刻、刺人、偏激。

偷：刻薄、不厚道。

【译文】

孔子说："态度恭敬庄重但不懂礼，就会劳累；只知谨慎小心而不懂礼，便会胆怯害怕；光有勇敢而不知礼，就会给事添乱；心直口快又不懂礼就会偏激伤人。在上位的人能诚恳地对待他的亲戚、乡亲父老，老百姓就会滋长起仁德风气；在上位的人不嫌弃他的老同事、老朋友，则老百姓就会变得厚道有情意。

[9.22]（8.3）

曾子有疾，召门弟子曰："启予足！启予手！《诗》云：'战战兢兢，如临深渊，如履薄冰。'而今而后，吾知免夫！小子！"

【注释】

启予：打开我的。启：打开。予：我的。

战战兢兢，如临深渊，如履薄冰：引自《诗经 · 小雅 · 小旻》。作者写自己处于小人包围之中，只能谨慎小心度日。

【译文】

曾子有病，把他的学生召集在一起说："打开我的手，打开我的脚！《诗经》上说：'战战兢兢，如临深渊，如履薄冰。'就是告诉你们要小心谨慎，从今以后，我知道自己可以免于遭受祸害了！弟子们呀！"

[9.23]（8.4）

曾子有疾，孟敬子问之。曾子言曰："鸟之将死，其鸣也哀；人之将死，其言也善。君子所贵乎道者三：动容貌，斯远暴慢矣；正颜色，斯近信矣；出辞气，斯远鄙倍矣。笾豆之事，则有司存。"

【注释】

孟敬子：鲁国大夫仲孙捷。

问：问候。

笾豆之事：祭祀礼仪中的事情。笾（biān）：祭祀中使用的竹制器皿。豆：祭祀中使用的木制器皿。

有司：主管具体事务的小官吏。

【译文】

曾子生病，孟敬子探望他。曾子对他说："鸟死的时候，叫声悲哀；人快死时，说话也善良。君子处世有三个问题要重视：自己的容貌真诚谦和，这样就可以避免粗鲁怠慢；脸色庄重严肃，使人觉得诚恳可信；说话注意言辞和语气，就可以避免鄙视粗野。至于祭祀方面的具体细节，让主管的官员有司具体去办。"

[9.24]（8.5）

曾子曰："以能问于不能，以多问于寡；有若无，实若虚，犯而不校，昔者吾友尝从事于斯矣。"

【注释】

犯而不校：有顶撞但不对抗。犯：触犯。校：较量，对抗。

【译文】

曾子说："自己有才能向没有才能的人请教，自己学识丰富却向学识浅薄的人请教；自己有学问就像没有学问一样，学识丰富如同浅薄，相互之间有顶撞但不发生对抗。从前我的一位朋友就是这样做的。"

[9.25]（8.16）

子曰："狂而不直，侗而不愿，悾悾而不信，吾不知之矣。"

侗（tóng）：幼稚，无知。

愿：老实谨慎。

悾悾（kōng）：形容诚恳。

【译文】

孔子说："狂妄而又不直率，幼稚而又不老实，表面诚恳而又不讲信用，我真不知道这种人怎么会是这样。"

[9.26]（9.23）

子曰："后生可畏，焉知来者之不如今也？四十、五十而无闻焉，斯亦不足畏也已！"

【译文】

孔子说："年轻人可怕呀，怎么知道后一辈将来就赶不上今天这一辈呢，如果一个人到了四十、五十岁还没有什么声望，也就不值得害怕了！"

[9.27]（9.24）

子曰："法语之言，能无从乎？改之为贵。巽与之言，能无说乎！绎之为贵，说而不绎，从而不改，吾末如之何也已矣！"

【注释】

法语之言：礼仪告诫之词。法：法令、法律、制度、礼仪原则。语：告诉、谈论、告诫。

巽与之言：用谦逊恭敬的话来赞许。巽(xùn)：退让、谦逊。与：赞许。

说：念（yuè），喜欢、高兴。

绎（yì）：寻究事物的原因，分析鉴别。

【译文】

孔子说："合乎礼仪的告诫，能不接受吗？改正错误难能可贵。赞美之词，能不舒服高兴吗！分析他人的言论更为重要，光高兴不分析，光表示接受而不改正，如果这样下去就没有办法了。"

[9.28]（9.27）

子曰："衣敝缊袍，与衣狐貉者立，而不耻者，其由也与！'不忮不求，何用不臧？'"子路终身诵之。子曰："是道也，何足以臧？"

【注释】

衣敝缊袍：穿着破旧的麻袍。敝：破旧。缊（yùn）：碎麻。

狐貉（hé）：狐狸、貉子这样高档的皮袍。

不忮不求，何用不臧：选自《诗经 · 邶风 · 雄雉》。意思是：如果不是这样的嫉妒和贪婪，想做什么事不能成功。忮（zhì）：嫉妒。臧（zāng）：善、好。

【译文】

孔子说："穿着破旧的麻袍，与穿着狐裘皮袍的人站在一起，不感到羞耻，大概只有仲由吧！《诗经》上说：'不嫉妒不贪婪，做什么不好呀！'"子路听后终身念诵。孔子说："这当然是合乎道理，但仅这样，又怎么能算得上完好呢？"

[9.29]（10.2）

朝，与下大夫言，侃侃如也；与上大夫言，訚訚如也。君在，踧踖如也，与与如也。

【注释】

下大夫：大夫分上大夫（卿）和下大夫，孔子地位相当于下大夫。

侃侃（kǎn）如：从容不迫的样子。成语有‘侃侃而谈’。

訚訚（yín）如：形容辩论时态度好，讲理而又诚恳。

踧踖（cù jí）如：恭敬而小心的样子。

与与如：威仪合度貌。

【译文】

孔子在朝廷，同下大夫交谈，从容不迫，侃侃而谈；与上大夫交谈，恭敬而温和。君主来到朝廷，孔子恭恭敬敬，小心慎言，行动安详。

[9.30]（9.30）

子曰：“可与共学，未可与适道；可与适道，未可与立；可与立，未可与权。”

【注释】

立：成就事业。

权：权力、权势。

【译文】

孔子说：“有的人可以与他一起学习，但未必可以一起追求真理；有的人可以与他一起追求真理，但未必可以跟他一起成就事业；有的人可以与他一起成就事业，但未必可以与他分享权力。”

[9.31]（10.17）

厩焚，子退朝，曰："伤人乎？"不问马。

【注释】

厩（jiu）焚：马棚着火了。

【译文】

孔子家的马棚失火烧了。孔子从朝廷回来，问："伤着人了没有？"却不问马怎么样。

[9.32]（10.22）

朋友死，无所归，曰："于我殡。"

【译文】

朋友逝世，没有人办丧事。孔子说："就由我来办理他的丧事吧。"

[9.33]（12.24）

曾子曰："君子以文会友，以友辅仁。"

【注释】

辅：辅助，协助。

【译文】

曾子说："君子以文章来交朋友，在与朋友交往中提高培养仁德。"

[9.34]（13.21）

子曰："不得中行而与之，必也狂狷乎？狂者进取，狷者有所不为也。"

【注释】

中行：行为合乎中庸。

狂：放荡，不受拘束。

狷（juān）：洁身自好，心胸狭窄。

【译文】

孔子说："找不到言行合乎中庸之道的人进行交往，必然就会和性情放荡、不受拘束或者洁身自好，心胸狭窄的人打交道吧？不受拘束的人一心向前，而洁身自好的人是不会乱来的。"

[9.35]（12.10）

子张问崇德、辨惑。子曰："主忠信，徙义，崇德也。爱之欲其生，恶之欲其死；既欲其生，又欲其死，是惑也。'诚不以富，亦衹以异。'"

【注释】

徙（xí）义：追求道义。徙：迁移。

诚不以富，亦衹以异：引自《诗经 · 小雅 · 我行其野》原意是'其实不是为财物，只是为了追求新欢。'在此意义为"其实对自己无所裨益，只是使人怪异而已。"

【译文】

子张问关于提高品德、辨别是非的问题。孔子说："以忠实诚信为主要品德，追求道义，崇尚品德就行了。喜欢某个人，希望他长寿，恨某个人，又望他短命快死，这就是不辨是非了。这样做，其实对自己无所裨益，只是使人觉得怪异而已。

[9.36]（12.21）

樊迟从游于舞雩之下。曰："敢问崇德、修慝、辨惑？"子曰："善哉问！先事后得，非崇德与？攻其恶，无攻人之恶，非修慝与？一朝之忿，忘其身，以及其亲，非惑与？"

【注释】

舞雩（yú）：鲁国祭天求雨的地方，在今山东曲阜。

修慝（tè）：整治邪念、邪恶，指改恶从善。修：整治，治理。慝：邪恶，邪念。

【译文】

樊迟跟随孔子出游于舞雩，樊迟问孔子："请问如何提高自己的品德，改恶从善，辨别是非？"孔子说："这个问题问得好！做事争先，收获在后，岂不就是提高了品德吗？检查自己的过错，不去指责别人的过错，不就是改正过错吗？忍不住一时的气愤，忘了自身的安危，甚至还牵涉到自己的亲人，这不就是迷惑吗？"

[9.37]（13.24）

子贡问曰："乡人皆好之，何如？"子曰："未可也。"

"乡人皆恶之，何如？"子曰："未可也。不如乡人之善者好之，其不善者恶之。"

【译文】

子贡问孔子："整个乡村的人都喜欢，你觉得这种结果怎么样？"孔子回答说："还不行。"

子贡又问道："整个乡村的人都讨厌，你觉得这个结果又怎么样？"孔子回答道："还不行。最好的结果是全村的好人都喜欢，全村的坏人都憎恶。"

[9.38]（13.25）

子曰："君子易事而难说也。说之不以道，不说也；及其使人也，器之。小人难事而易说也。说之虽不以道，说也；及其使人也，求备焉。"

【注释】

说：同'悦（yuè）'，高兴、愉快。

器之：量才使用。

【译文】

孔子说："在君子手下做事容易，但要讨得满意却很难。以不正当的方式讨他喜欢，他不高兴；等到要用人时，他会量才使人。在小人手下做事很难，但要讨得喜欢却很容易。虽然用不正当的办法去讨得欢心，他都会高兴的；当他要用人时，会百般挑剔、求全责备。"

[9.39]（10.27）

色斯举矣，翔而后集。曰："山梁雌雉，时哉！时哉！"子路共之，三嗅而作。

【注释】

色斯举：脸色一出现。色：脸色。斯：连词，就。举：提出。

翔而后集：鸟飞起来然后在树上聚集。

雉（zhì）：野鸡。

共（gōng）：拱手，两手在胸前相合，表示恭敬。

三嗅而作：鸟用鼻子辨别出气味来飞走了。

【译文】

野鸡发现行人脸色不善，立刻飞起来，盘旋一阵后停在树上。孔子见了后说："这些山梁上的雌野鸡，也懂得识时务呀！真懂识时务呀！"子路对它们肃然拱手，野鸡觉得气味不对飞走了。

[9.40]（13.28）

子路问曰："何如斯可谓之士矣？"子曰："切切偲偲、怡怡如也，可谓士矣。朋友切切偲偲，兄弟怡怡。"

【注释】

切切偲偲（sī）：偲偲同偲偲，互相切磋，互相督促。诚恳地一起相互督促，相互切磋。有的版本作"切切偲偲"。

怡怡：和谐、愉快。

【译文】

子路问曰："怎样才可以称为士呢？"孔子说："大家非常诚恳地在一起互相督促、互相切磋，和睦相处，就可以称作士了。朋友之间互相批评、相互商量，像兄弟一样亲切和气。"

[9.41]（14.9）

或问子产。子曰："惠人也。"

问子西。曰："彼哉！彼哉！"

问管仲。曰："人也，夺伯氏骈邑三百，饭疏食，没齿无怨言。"

【注释】

子西：名申，字子西，楚国的令尹（宰相）。

管仲：名夷吾，字仲，齐桓公的宰相，曾辅佐齐桓公称霸诸侯。

伯氏：齐国大夫。

骈邑：地名，在齐国。

没齿：死。齿：岁数，年龄。

【译文】

有人问孔子，子产这个人怎么样。孔子说："他是个厚道仁爱的人。"

又问到子西这个人如何，孔子说："他嘛！他嘛！"

又问管仲是怎样的人，孔子说："他是个人才。他剥夺了伯氏的骈邑三百户的封地，使伯氏终身吃粗粮，但直到死也没有说过怨恨的话。"

[9.42]（14.13）

子问公叔文子于公明贾，曰："信乎？夫子不言、不笑、不取乎？"

公明贾对曰："以告者过也。夫子时然后言，人不厌其言；乐然后笑，人不厌其笑；义然后取，人不厌其取。"

子曰："其然？岂其然乎？"

【注释】

公叔文子：卫国大夫，卫献公之孙，名拔，谥号‘文’。
公明贾，姓公明，名贾。公叔文子的使臣。
夫子：此处指公叔文子。
然：是、对，认为…对时。

【译文】

孔子向公明贾问到公叔文子，说："他老先生不说、不笑、不取，果真是这样吗？"

公明贾回答说："那是告诉你的人说得过分了。他老先生该说话时才说，所以人家不讨厌他说；该高兴时才笑，所以别人不讨厌他笑；合乎道理时他才去取，别人不讨厌他取。"

孔子说："是这样吗？难道真是如此？"

[9.43]（14.15）
子曰："晋文公谲而不正；齐桓公正而不谲。"

【注释】

晋文公：姓姬，名重耳。晋国国君，春秋著名王霸之一。
谲（jue)：欺诈，玩弄手段。
齐桓公：姓姜，名小白，齐国国君，春秋著名五霸之一。

【译文】

孔子说："晋文公诡诈，不正派；齐桓公正派，不诡诈。"

[9.44]（14.20）
子曰："其言之不怍，则为之也难！"

【注释】

怍（zuò）：惭愧，颜面变色。

【译文】

孔子说："一个人说起话来，大言不惭，那么做起来，也不容易！"

[9.45]（14.25）

蘧伯玉使人于孔子。孔子与之坐而问焉。曰："夫子何为？"对曰："夫子欲寡其过而未能也。"

使者出。子曰："使乎！使乎！"

【注释】

蘧（qu）伯玉：名媛，卫国大夫。在古时，凡做过大夫的人都被称为夫子，此段下面所说的夫子就是指蘧伯玉。

【译文】

伯玉派一个使者去孔子那里拜访。孔子让侍者坐下并问道："老先生最近做什么呀？"使者回答说："他老先生总想减少自己的过错但还是没能做到。"

使者走后，孔子说："好一个使者！好一个使者！"

[9.46]（14.29）

子贡方人。子曰："赐也贤乎哉？夫我则不暇！"

【注释】

方人：评论别人。魏征《十渐不克终疏》：'论功则汤武不足方。'这里'方'有比较、相比的意思。

【译文】

子贡议论别人。孔子说："赐呵，你就那么好吗？对我而言，我就没有那么多闲工夫。"

[9.47]（14.31）

子曰："不逆诈，不亿不信。抑亦先觉者，是贤乎！"

【注释】

逆：事先。
亿：推测。
抑：转折连词。

【译文】

孔子说："不事先认为别人就是欺诈，不事先推测别人就是不诚实，但是能及时察觉到，及时发现问题，就是贤人呵！"

[9.48]（14.32）

微生亩谓孔子曰："丘何为是栖栖者与？无乃为佞乎？"孔子曰："非敢为佞也，疾固也。"

【注释】

微生亩：人名，大概是个隐士。
栖栖（xī xī）：形容不安定。
佞（nìng）：能说会道、巧言谄媚。

【译文】

微生亩对孔子说："你为何总是这样忙忙碌碌，四处游说呀？

是不是要显示你的口才呀？”孔子说：“我不敢显示口才呀，只是痛恨那种顽固不化的人。”

[9.49]（14.33）

子曰：“骥不称其力，称其德也。”

【注释】

骥：骏马，好马。

【译文】

孔子说：“对良马的赞扬不仅是它的力气，更值得称赞的是它的品德。”

[9.50]（14.34）

或曰：“以德报怨，何如？”子曰：“何以报德？以直报怨，以德报德。”

【译文】

有人说：“用恩德来回报怨恨，怎么样？”孔子说：“那么拿什么来报答恩德呢？应该拿公平正直来回报怨恨，拿恩德来回报恩德。”

[9.51]（15.8）

子曰：“可与言而不与之言，失人；不可与言而与之言，失言。知者不失人，亦不失言。”

【注释】

知者：智者，聪明人。

【译文】

孔子说："可以同他说话、交心，而不去谈，就会失掉人才；不可以同他谈，却同他谈了，就会失言。聪明人既不能失掉人才也不能失言。"

[9.52]（9.18）

子曰："吾未见好德如好色者也。"

（15.13）

子曰："已矣乎！吾未见好德如好色者也！"

【译文】

孔子说："算了吧！我从来就没有见过有喜欢美色那样喜欢美德的人啊。"

[9.53]（15.14）

子曰："臧文仲其窃位者与？知柳下惠之贤而不与立也。"

【注释】

臧文仲：见[7.30]（5.18）注释。

【译文】

孔子说："臧文仲大概是个窃据官位的人！他明知柳下惠贤良，也不举荐他出来做官。"

[9.54]（15.15）

子曰："躬自厚而薄于责人，则远怨矣！"

【译文】

孔子说："对自己要多反省自责，对别人要少求全责备，这样就可以避免怨恨了。"

[9.55]（15.16）

子曰："不曰'如之何、如之何'者，吾末如之何也已矣？"

【注释】

末：末了,末尾。《三国志 · 魏书 · 武帝纪》"光和末,黄巾起。已：停止、完毕。成语有'鞠躬尽瘁，死而后已。'

【译文】

孔子说："遇事从不说'怎么办，怎么办'的人，我最后也不说怎么办了。"

[9.56]（15.17）

子曰："群居终日，言不及义，好行小慧；难矣哉！"

【译文】

孔子说："整天聚在一起，从不谈及道义，只喜欢卖弄小聪明，对他们真不好办呀。"

[9.57]（15.25）

子曰："吾之于人也，谁毁谁誉？如有所誉者，其有所试矣。斯民也，三代之所以直道而行也。"

【译文】

孔子说："我对于别人，诋毁过谁？称赞过谁？如果有我称赞过的人，那是经过考验的人。正是这些人，夏、商、周三代能在正道上顺利地进行。"

[9.58]（15.26）

子曰："吾犹及史之阙文也。有马者借人乘之；今亡矣夫！"

【注释】

阙文：没有文字记述。史官记事，有疑难之事就空缺出空白以表存疑。阙：通'缺'。

亡：通'无'。

【译文】

孔子说："我所涉及到的史书都没有这种记述。有马的人先将马借给别人骑，今天这种情况也没有了！"

[9.59]（15.27）

子曰："巧言乱德。小不忍则乱大谋。"

【译文】

孔子说："花言巧语败坏人的道德。小事情不容忍，就会败坏大事情。"

[9.60]（15.28）

子曰："众恶之，必察焉；众好之，必察焉。"

【译文】

孔子说："大家都讨厌的，一定要去详细考察；大家都说好的，一定要去详细考察。"

[9.61]（15.40）

子曰："道不同，不相为谋。"

【译文】

孔子说："思想、主张不同，就不能互相进行商量、谋划了。"

[9.62]（15.41）

子曰："辞达而已矣。"

【译文】

孔子说："言辞表达清楚就行了。"

[9.63]（15.42）

师冕见。及阶，子曰："阶也。"及席，子曰："席也。"皆坐，子告之曰："某在斯，某在斯。"

师冕出，子张问曰："与师言之道与？"子曰："然，固相师之道也！"

【注释】

师冕（miǎn）：名叫冕的盲人乐师。

见（xiàn）：出现。

相：帮助。

【译文】

师冕出现在大家面前，走到台阶前，孔子告诉他说："这是台阶。"走到坐席旁，孔子又告诉他说："这是坐席。"等大家坐定，孔子对师冕说："某人坐在这里，某人坐在那里。"

师冕告辞出去了。子张问道："这是同乐师说话的方式吗？"孔子说："是的，这本来就是一种帮助乐师的方法呀！"

[9.64]（16.4）

孔子曰："益者三友；损者三友。友直，友谅，友多闻，益矣；友便辟，友善柔，友便佞，损矣。"

【注释】

便辟（pián bì）：惯于殷勤，能说会道。便辟也写成便嬖，原意是君主左右的宠信小臣。

善柔：善于谄媚奉承。

便佞（nìng）：花言巧语。

【译文】

孔子说："有益的朋友有三种；有害的朋友有三种。与正直的人交朋友，与诚实的人交朋友，与见多识广的人交朋友，是有好处的。与虚伪做作的人交朋友，与谄媚逢迎的人交朋友，与花言巧语的人交朋友，是有害的。"

[9.65]（16.6）

孔子曰："侍于君子有三愆：言未及之而言谓之躁；言及之

而不言谓之隐；未见颜色而言谓之瞽。”

【注释】

愆（qiǎn）：也写作諐。差错，过失。

瞽（gǔ）：瞎眼。

【译文】

孔子说："陪着君子说话容易出现的三种过失：不到自己说话就说话，称之为急躁；该自己说话时却不说，这叫隐瞒；不看对方脸色轻率开口，就叫睁眼瞎子。"

[9.66]（16.7）

孔子曰："君子有三戒：少之时，血气未定，戒之在色；及其壮也，血气方刚，戒之在斗；及其老也，血气既衰，戒之在得。"

【译文】

孔子说："君子有三件事要警戒：年轻时，血气尚未稳定，要警戒贪恋女色；壮年时，血气正旺盛，要警戒争强好斗；年老时，血气衰退，应警戒贪得无厌。"

[9.67]（17.2）

子曰："性相近也，习相远也。"

【译文】

孔子说："人的本性原来是相近的，因为环境不同使他们的习惯差别拉大了。"

[9.68]（17.13）

子曰："乡愿，德之贼也！"

【注释】

乡愿：不敢主持公道的好好先生。愿：老实谨慎。

【译文】

孔子说："乡里那些不得罪人的老好人，实际是败坏道德的小人。"

[9.69]（17.14）

子曰："道听而途说，德之弃也！"

【译文】

孔子说："在路上听到小道消息，四处传播，这便背弃了道德。"

[9.70]（17.15）

子曰："鄙夫可与事君也与哉？其未得之也，患不得之；既得之，患失之；苟患失之，无所不至矣。"

【注释】

鄙夫可与事君也与哉：鄙夫：品德低下的人。与事君：参加侍奉君主。一个品德恶劣的人也可以侍奉君主吗？

苟：连词，如果，假设。

【译文】

孔子说："一个品德恶劣的人也可以参与侍奉君主吗？当他未

得官职时，担心得不到；当他得到了，又担心失去；如果当他担心失去官职时，他什么卑鄙的手段都会采用的。”

[9.71]（17.16）

子曰：“古者民有三疾，今也或是之亡也。古之狂也肆，今之狂也荡；古之矜也廉，今之矜也忿戾；古之愚也直，今之愚也诈而已矣。

【注释】

亡：通‘无’，没有。

肆：不顾一切，任意妄为。

荡：放纵，放荡。

矜（jīn）：骄傲。

廉：正直，廉洁。

忿戾（fèn lì）：态度怨恨不讲情理。

【译文】

孔子说：“古时的人有三种毛病，现在也许有也许无。古时有人狂妄放肆，现今也有人狂妄放荡；古时有人自大但正直清廉，现在也有人既傲慢还蛮横不讲理；古时有人愚蠢，但人性还直率，不过现在有人既愚蠢又狡诈而已。”

[9.72]（17.20）

孺悲欲见孔子，孔子辞以疾。将命者出户，取瑟而歌，使之闻之。

【注释】

孺（rú）悲：鲁国人。

辞以疾：用有病借口推辞。

将命者出户：把传话的人送出门。按当时礼节，年轻人初次见年长位尊的人一定要有人介绍。有人说孺悲初次见孔子没人介绍，孔子有意不见他。

【译文】

孺悲想见孔子，孔子推说有病拒绝不见。传话人刚走出门，孔子就取下瑟弹唱起来，让孺悲听见，使他知道不见的原因。

[9.73]（17.22）

子曰："饱食终日，无所用心，难矣哉！不有博弈者乎？为之犹贤乎已。"

【注释】

博弈：博：古代一种赌输赢的游戏，与棋相仿。弈（yi）：下棋。博弈：棋类游戏。

贤：胜过，甚于。

【译文】

孔子说："整天吃饱了饭什么也不想，什么也不做，这种人也难受啊！不是有棋类游戏吗？下下棋也胜过没事做呀。"

[9.74]（19.1）

子张曰："士见危致命，见得思义，祭思敬，丧思哀，其可已矣。"

【注释】

士：在古时，士有多种意义。男子、读书人、奴隶主贵族的最低一级、士兵等。这里指读书人。

【译文】

子张说："读书人见到危难能献出生命，取得收获考虑是否正当，祭祀时要想到恭敬虔诚，居丧时想到哀痛悲伤，这就可以了。"

[9.75]（19.3）

子夏之门人问交于子张。子张曰："子夏云何？"

对曰："子夏曰：'可者与之，其不可者拒之。'"

子张曰："异乎吾所闻：君子尊贤而容众，嘉善而矜不能。我之大贤与，于人何所不容？我之不贤与，人将拒我，如之何其拒人也！"

【注释】

问交：问关于交朋友的问题。

矜：同情、怜悯。

我之大贤与：与：结交。我结交贤人。

我之而贤与：与：帮助。我去帮助不贤的人。

【译文】

子夏的学生向子张问交朋友的问题。子张说："对这个问题，子夏说什么呀？"子夏学生说："子夏说：'可以交朋友的人就去和他交，不可以交的就拒不和他交往。'"

子张说："我听到的有所不同，君子尊敬贤人同时也容纳普通人，赞美好人又同情无能的人。我结交贤人，对于其他人为什么不能宽容？我去帮助不贤者，别人又将拒绝我，对于这种拒绝我又将怎么办呢！”

[9.76]（20.3）

子曰：“不知命，无以为君子也。不知礼，无以立也。不知言，无以知人也。”

【译文】

孔子说：“不知命，做不了君子。不知礼节，就不能立身处世。不会分辨别人的言论，就不能了解别人。”

[9.77]（17.12）

子曰：“色厉而内荏，譬诸小人，其犹穿窬之盗也与？”

【注释】

荏：软弱、怯懦。

窬（踰）（yú）：从墙上爬过去。

【译文】

孔子说：“表面上很刚强，内心却很怯懦。用小人来打比方，岂不就是翻墙而入的贼啊？”

十 【从政治国】

[10.1]（1.5）

子曰："道千乘之国，敬事而信，节用而爱人，使民以时。"

【注释】

道：治国措施、途径、方法。《商君书 · 更法》"治世不一道，便国不必法古。"

千乘之国：指古时的诸侯国。古时称四匹马拉的车，一辆为一乘。周制天子地方千里，出兵车万乘，诸侯国出兵车千乘。

敬事：做事要严肃、慎重。

节用：对资财要节约。

以时：根据一定的时节。

【译文】

孔子说："治理一个诸侯国家，办事严肃认真讲究信用，节约财物爱护下属，使用百姓顾及农时，不要妨碍生产。"

[10.2]（2.1）

子曰："为政以德，譬如北辰，居其所而众星共之。"

【注释】

以德：用品德。

北辰：北极星，在古时，人们认为北极星为天的中心。

居其所：占据的地方。

众星共之：指天上群星围绕北极星旋转、运行。共（gǒng）：通"拱"，环绕。傅玄《明君》诗"众星拱北辰。"

【译文】

孔子说："用品德教化百姓治理国家，这样就会像北极星那样，稳居中心为众多星辰环绕，被人尊敬。”

[10.3]（2.3）

子曰：“道之以政，齐之以刑，民免而无耻；道之以德，齐之以礼，有耻且格。”

【注释】

政：政策、法令。
齐：整齐、齐全。
刑：刑罚、刑法。
免：避免。
格：纠正、改正。

【译文】

孔子说：“用政令来管理百姓，用刑法来管束他们，百姓可以免除犯罪，但并不知道犯罪是可耻的。用仁德来教育百姓，用礼数来约束他们，百姓就知道什么是耻辱，而且错了也可以自己改正。”

[10.4]（2.18）

子张学干禄。子曰：“多闻阙疑，慎言其余，则寡尤；多见阙殆，慎行其馀，则寡悔。言寡尤，行寡悔，禄在其中矣。”

【注释】

干禄：干：求取。禄：俸禄，官吏的薪俸。干禄就是求官做。
阙疑：阙：通‘缺’。阙疑即减少疑惑。
寡尤：尤：过错、罪过。寡尤即减少过失。
阙殆：减少危险。

【译文】

子张向孔子请教如何谋取官职。孔子说："多听别人所说，可以减少疑惑，对事情说话谨慎，过失就少；多看别人如何做，可以减少危险，处理事情谨慎，懊悔就少。言语少出错，行动少懊悔，就可以谋得官职。"

[10.5]（2.19）

哀公问曰："何为则民服？"孔子对曰："举直错诸枉，则民服；举枉错诸直，则民不服。"

【注释】

哀公：鲁国的国君，姓姬，名将，'哀'是谥号，他是定公的儿子。
何为：怎么做。
对曰：回答说。在古代汉语里，对多用于对上的回答或对话。
举：推荐，推举。
错：通'措'，安置、放置。

【译文】

鲁哀公问："怎么做才能使老百姓服从呢？"孔子回答说："提拔选用正直的人，安置在奸邪小人之上，老百姓就服了；如果举用奸邪小人安置在正直人之上，那么老百姓就不服了。"

[10.6]（2.20）

季康子问："使民敬、忠以劝，如之何？"子曰："临之以庄，则敬；孝慈，则忠；举善而教不能，则劝。"

【注释】

季康子：鲁国大夫，姓季孙，名肥，“康”是他的谥号，鲁哀公时期季康子是最有权力的人。

忠以劝：尽忠而且勉励。劝：勉励、奖励、受到鼓励。以：连词，而。

【译文】

季康子问孔子：“要使百姓恭敬、尽忠而且互相勉励，要怎么做呢？”孔子说：“你面对百姓，态度庄重，百姓就会敬重你；你孝顺父母，慈爱百姓，他们就会对你忠心；你选拔使用善人、品德高尚的人，对能力差的人进行教育，百姓就会受到鼓励，积极向上了。”

[10.7]（3.5）

子曰：“夷狄之有君，不如诸夏之亡也。”

【注释】

夷狄（yí dí）：少数民族。古时我国对东部各民族统称为夷，对北部居住的民族称为狄。

诸夏：指华夏族居住的中原一带的各诸侯国。

亡（wu）：通‘无’。

【译文】

孔子说：“地处偏远的夷狄之地，虽然有君主，还不如中原各国无君主。”

[10.8]（4.14）

子曰："不患无位，患所以立；不患莫己知，求为可知也。"

【注释】

莫已知：莫知己。

【译文】

孔子说："不要担心没有职位，应该担心自己没有胜任职位的才干；不要担心别人不了解自己，应谋求让别人了解自己。"

[10.9]（5.21）

子曰："宁武子，邦有道，则知；邦无道，则愚。其知可及也，其愚不可及也。"

【注释】

宁武子：人名，姓宁，名俞，谥号'武'，卫国大夫。

愚：装傻。

【译文】

孔子说："宁武子这个人，在国家清明时，他就聪明，有智慧；在国家政治黑暗时，他就装傻。他那种聪明，别人设法还可以做到，但他那种装傻样，别人就难以办到了。"

[10.10]（6.2）

仲弓问子桑伯子。子曰："可也，简。"

仲弓曰："居敬而行简，以临其民，不亦可乎？居简而行简，无乃大简乎？"子曰："雍之言然。"

【注释】

子桑伯子：人名，鲁国人。

居敬：处于一种态度严肃的状态。居：坐，处于。敬：严肃、慎重，让人尊敬。行简：办事简洁利落。行：做、执行、行动。

【译文】

仲弓问子桑伯子这个人怎么样，孔子说："还行吧，挺干练。"

仲弓说："态度严肃认真，办事利落，以这种方式对待老百姓，不是可以吗？如果态度简单粗暴，办事倒也利落，这难道不是过于简单了吗？"孔子说："你仲弓说得对。"

[10.11]（6.15）

子曰："孟之反不伐，奔而殿，将入门，策其马，曰：'非敢后也，马不进也。'"

【注释】

孟之反：人名，鲁国大夫。

伐：夸耀。

奔：逃奔，败走。

殿：军队撤退时，走在最后叫殿。鲁哀公十一年(公元前484年)鲁国与齐国打仗，鲁国败退，孟之反在后面掩护，立了功。

【译文】

孔子说："孟之反不自夸，打了败仗，他留在后面掩护，立了功劳。快进城门时，人们赞扬他，他却鞭打着马自谦地说：'不是我敢在后面呀，是我的马跑不快呀！'"

[10.6]（6.16）

子曰："不有祝鮀之佞，而有宋朝之美，难乎免于今之世矣。"

【注释】

祝鮀：祝：古时祭祀主持祝告的人。鮀(tuó)：卫国大夫，字子鱼。

佞（nìng）：能说会道，善辩。

宋朝：宋国公子朝，容貌美。

难：灾难、患难。

【译文】

孔子说："要是没有祝鮀那样善变的口才，光有宋国公子朝的美貌，就难在今世免去灾难了。"

[10.13]（6.24）

子曰："齐一变，至于鲁；鲁一变，至于道。"

【译文】

孔子说："齐国变更一下政治，就会达到鲁国的程度；鲁国变更一下，就会达到符合先王实施的仁义之道了。"

[10.14]（6.25）

子曰："觚不觚，觚哉！觚哉！"

【注释】

觚（gū）：古代盛酒的器皿。王充《论衡 · 语增》："文王饮酒千钟（酒器），孔子百觚。"

【译文】

孔子说："觚不像个觚，这是觚吗！这怎么是觚呢！"

[10.15]（6.29）

子曰："中庸之为德也，其至矣乎！民鲜久矣。"

【注释】

中庸：中，不偏不倚，既不过分也不无不足。庸，平常。中庸是儒家道德行为的最高标准。参见 [10.25]"过犹不及"。

至：达到了顶点。

【译文】

孔子说："中庸这种道德行为，可算是顶高的啊！可是人们缺乏这种道德行为太久了。"

[10.16]（7.13）

子之所慎：齐，战，疾。

【注释】

齐（zhāi）：现已写作斋。斋戒。

【译文】

孔子小心谨慎对待的有三件：一是斋戒，二是战争，三是疾病。

[10.17]（7.12）

子曰："富而可求也，虽执鞭之士，吾亦为之。如不可求，从吾所好。”

【注释】

执鞭之士：拿着鞭子为大官开路的差役。

【译文】

孔子说：“如果可以求得财富的话，即使是做下等差役，我也去干。如果不能求得，那我还是干自己喜欢干的事。”

[10.18]（9.13）

子贡曰：“有美玉于斯，韫椟而藏诸，求善贾而沽诸？”子曰：“沽之哉！沽之哉！我待贾者也！”

【注释】

韫椟（yùn dú）：收藏东西的匣子。

沽：卖。

这段文字讲子贡欲劝老师出来做官以实现其政治理想的对话。“待价而沽”因此成为后人常用的成语。

【译文】

子贡说：“假设有一块美玉在这里，是把它装在匣子里藏起来，还是找一个识货的商人卖掉呢？”孔子说：“卖掉！卖掉！我在等待识货的商人呢！”

[10.19]（8.9）

子曰：“民可使由之，不可使知之。”

【译文】

孔子说："老百姓，可以使他们照着规定的去做，却不容易使他们懂得为什么要这样做。"

[10.20]（8.10）

子曰："好勇疾贫，乱也。人而不仁，疾之已甚，乱也。"

【注释】

疾：厌恶，憎恨。

【译文】

孔子说："崇尚勇敢，厌恶贫困，社会会乱；人如果没有仁爱，憎恨过分，社会会乱。"

[10.21]（8.18）

子曰："巍巍乎，舜、禹之有天下也，而不与焉。"

【注释】

不与：不谋取。

【译文】

孔子说："多么伟大呀！舜、禹拥有天下，却一点也不谋私利。"

[10.22]（8.19）

子曰："大哉，尧之为君也，巍巍乎！唯天为大，唯尧则之。

荡荡乎！民无能名焉。巍巍乎！其有成功也。焕乎！其有文章。”

【注释】

则：准则，效法。

名：称颂

焕：光亮，鲜明。

文章：指当时的各种典章制度。

【译文】

孔子说：“伟大啊，尧这样的君主也，崇高啊，天是最高大的，唯有尧效法。恩德浩荡啊！百姓都不知道如何称赞。功绩多么伟大，他的典章制度多么光辉灿烂啊！”

[10.23]（8.20）

舜有臣五人而天下治。武王曰：“予有乱臣十人。”孔子曰：“才难，不其然乎？唐、虞之际，于斯为盛。有妇人焉，九人而已。三分天下有其二，以服事殷。周之德，其可谓至德也已矣。

【注释】

舜有臣五人：指辅佐舜治理天下的禹、稷（周族的祖先）、契（商族的祖先）、皋陶、伯益。

予（yú)：我。

乱臣十人：治国十人：指周公旦、召（shào）公奭（shì）、太公望（即姜子牙)、毕公、荣公、太颠、闳（hóng）夭、散宜生、南宫适、邑姜。

妇人：传说是指太姒（sì），文王的后妃，武王的母亲，能以德化天下。

三分天下有其二：周文王时，地分九州，文王得了六州，拥有三分之二的天下。

【译文】

舜有贤臣五人则天下大治。周武王说："我有大臣十人"。孔子说："人才难得，难道不是这样吗？唐尧、虞舜时代，人才最盛。武王时代十位大臣中还有一位是妇女，只有九个人而已。周得了天下三分之二，仍然向商纣王称臣，周时的道德，可以称得上是达到最高境界了。"

[10.24]（8.21）

子曰："禹，吾无间然矣。菲饮食，而致孝乎鬼神；恶衣服，而致美乎黻冕，卑宫室，而尽力乎沟洫，禹，吾无间然矣！"

【注释】

间然：离间、挑剔的样子（意思）。

菲：微薄。有"菲食薄衣"之说。

恶衣服：不好的衣服。

黻冕（fǔ miǎn）：祭服帽。黻：通'韨'，古时贵族祭祀时戴的蔽膝，遮在膝前。

卑宫室：宫殿简陋。

【译文】

孔子说："对禹，我没有什么可挑剔的。他吃得差但祭品却很丰盛，衣服不好但祭祀服帽却很华美，宫殿简陋但却尽力兴办水利修筑沟渠。对于禹，我真是没有可挑剔的啊！"

[10.25]（11.16）

子贡问："师与商也孰贤？"子曰："师也过，商也不及。"

曰："然则师愈与？"子曰："过犹不及。"

【注释】

也：句中语气词，表示语气停顿，以引起下文。

然则：这样……那么。

愈：胜过。

犹：如同。

【译文】

子贡问："颛孙师（子张）和卜商（子夏）哪一个好一点？"孔子说："子张办事过头，子夏办事又差一点。"

子贡说："这样的话，那么是子张要好一点了？"孔子说："过头了和差一点同样不好。"

[10.26]（12.7）

子贡问政。子曰："足食，足兵，民信之矣。"

子贡曰："必不得已而去，于斯三者何先？"曰："去兵。"

子贡曰："必不得已而去，于斯二者何先？"曰："去食。自古皆有死，民无信不立。"

【译文】

子贡问处理政事方面的问题。孔子说："有足够的食品，有足够的军备，百姓对当局信任。"

子贡说："如果迫不得已，在这三者中要先去掉一项呢？"孔子说："先去掉军备一项。"

子贡说："如果迫不得已，在食品和对当局信任这二项中还要去掉一项，先去掉哪一项呢？"孔子说"去掉食品一项。自古以来，谁也免不了一死，如果百姓对当局失去信任，那么国家就立不住了。"

[10.27]（12.9）

哀公问于有若曰："年饥，用不足，如之何？"

有若对曰："盍彻乎？"

曰："二，吾犹不足；如之何其彻也？"

对曰："百姓足，君孰与不足？百姓不足，君孰与足？"

【注释】

盍(hé)：何不。

彻：税田的收取制度，指田十抽一。

【译文】

鲁哀公问有若道："如果年成不好，发生饥荒，国家开销不足，该怎么办？"有若说："何不采用田十抽一的税收制度呢？"

哀公说："田十抽二，我都不够，哪能田十抽一呢？"

有若回答说："假若百姓够了，您怎么会不够？如果百姓不够，您又怎么会够呢？"

[10.28]（12.12）

子曰："片言可以折狱者，其由也与！"子路无宿诺。

【注释】

片言：少量、零星的言辞。常有'片言只字'的用法。

折狱：让人折服而断案。折：驳斥，使对方屈服。狱：官司、监牢。

宿诺：指承诺的事情隔夜之后才兑现。

【译文】

孔子说："依据少量、零星的言辞就可以断案的，大概只有子路（仲由）吧！"

子路从来没有在隔夜之后才兑现自己的诺言，当天答应下来的事情必然当天办理，决不失信。

[10.29]（12.13）

子曰："听讼，吾犹人也。必也使无讼乎！"

【注释】

听讼：处理官司，判决。有'断狱听讼'之说。

【译文】

孔子说："审理诉讼案件，我跟别人一样，必然是要使诉讼的案件完全没有才好。"

[10.30]（12.14）

子张问政。子曰："居之无倦，行之以忠。"

【注释】

居之无倦：处在（官）位子上不能厌倦。

【译文】

子张问从政的事。孔子说："处在（官）位上，不能厌倦懈怠，执行政令要出自忠心。"

[10.31]（12.17）

季康子问政于孔子，孔子对曰：“政者，正也，子帅以正，孰敢不正？”

【注释】

季康子：鲁国大夫，在鲁哀公时期，是鲁国最有权势的人。

子帅：您带领。子：对人的尊称，相当于现在的您。帅：带领，带头。

【译文】

季康子向孔子请教政事。孔子说：“政这个字就是端正的意思，您自己带头端正了，谁还敢不端正呢？”

[10.32]（12.18）

季康子患盗，问于孔子。孔子对曰：“苟子之不欲，虽赏之不窃。”

【注释】

患盗：忧虑盗贼。患：担忧、忧虑。

苟：连词，如果、假设。

【译文】

季康子担心偷盗这种坏风气，向孔子请求治理办法。孔子回答说：“假如您自己不贪求钱财，即使奖励他们去偷盗，他们也是不会干的。”

[10.33]（12.19）

季康子问政于孔子曰："如杀无道，以就有道，何如？"孔子对曰："子为政，焉用杀？子欲善而民善矣！君子之德，风；小人之德，草；草上之风，必偃。"

【注释】

杀（shā）：减少，降等。《荀子 · 儒效》："法后王，一制度，隆礼义而杀《诗》《书》。"杀（shā）：弄死、杀死。

就：靠近、趋向；完成、达到。

偃（yǎn）：仰卧，向后倒，与'仆'相对。仆：向前倒。

【译文】

季康子向孔子请教政事，说："如采用压制无道的方法来达到有道的目的，怎么样？"孔子回答说："您治理政事，何必用压制的办法呢？您想把国家治理好，百姓自然就好了！君子的好德行就像风；而百姓的不良德行就像草；风吹在草上，草就迎风而倒。"

[10.34]（13.1）

子路问政。子曰："先之，劳之"。请益。曰："无倦。"

【注释】

益：增加，更加。

无倦：不要厌倦。

【译文】

子路问怎样管理政事。孔子说："要求百姓做的事情，自己要先身体力行，带头去干。"子路要求多讲一点。孔子说："坚持这么做下去就行。"

[10.35]（13.2）

仲弓为季氏宰，问政，子曰：“先有司，赦小过，举贤才。”

曰：“焉知贤才而举之？”曰：“举尔所知。尔所不知，人其舍诸？”

【注释】

有司：主管某部门的官员。

尔：第二人称代词，你（们）。

诸：第三人称代词，他（们）。

【译文】

仲弓做了季康氏手下的家臣，他问孔子怎样管理政事。孔子说：“首先要管理手下的官员，宽容人家的小过错，提拔优秀人才。”

仲弓又问：“怎样才能识别、提拔优秀人才呢？”孔子说：“提拔任用你自己所了解的，那些你不了解的，别人难道会把他们埋没吗？”

[10.36]（13.3）

子路曰：“卫君待子而为政，子将奚先？”

子曰：“必也正名乎！”

子路曰：“有是哉？子之迂也！奚其正？”

子曰：“野哉，由也！君子于其所不知，盖阙如也。名不正，则言不顺；言不顺，则事不成；事不成，则礼乐不兴；礼乐不兴，则刑罚不中；刑罚不中，则民无所措手足。故君子名之必可言也，言之必可行也。君子于其言，无所苟而已矣！”

【注释】

历史背景：孔子第二次到卫国的时候，卫国发生了一件争夺君位的大事。卫国的国君灵公，不喜欢他的太子蒯聩，蒯聩只能逃避国外。后来卫灵公死了，卫国的君位由蒯聩的儿子蒯辄继承。九年以后，蒯聩借用晋国的兵保护回国，蒯辄派兵去阻挡。这件事比较复杂。按周礼，他们父子二人，究竟谁对谁不对呀？《公羊传》说：蒯聩对，蒯辄不对，‘父有子，子不得有父’，以子拒父是不对的。《谷梁传》说：蒯辄不错，‘其弗受，以尊王父也’，蒯辄是受祖父之命为君，他不接受他父亲回来，是尊他的祖父。当时子路在卫国做官。蒯辄本来有用孔子的意向。子路问孔子如果出来，首先要办什么事？孔子说，必定先要正名，就是说应该按父、子这两个‘名’，判定蒯聩、蒯辄究竟谁对谁不对。从而子路说，有这样的办法吗？先生是太迂了。关于蒯聩、蒯聩的故事可见 [5.15][注释]。

盖阙：掩盖缺陷。盖：遮蔽，阙：缺点，古代习惯将‘缺’写为‘阙’。

奚：什么？

中：符合、适合。

民无所措手足：有的《论语》书为‘民无所错手足’。错，通‘措’。当放置讲。

苟（gǒu）：不严肃，随便。

【译文】

子路说：“如果卫君等待先生去主持政事，您想首先做什么？”

孔子说：“一定首先要正名呀！”

子路说：“有这么做吗？您也太不合时宜了？搞什么正名？”

孔子说：“由（子路）呀，你太粗野了！君子对于自己不懂得的事，掩饰而已。如果名分不正，那么说话就不顺当；说话不顺当，办起事来就难成功；办不成事，那么礼乐制度就不能兴起；礼乐制度不能兴起，那么刑罚就不会得当；刑罚不得当，百姓就会不知所措。所以对君子的名分确定了，就便于说话了，所说的话就可变为行动。君子对于自己所说的话，只是不能太随便，太马虎。”

[10.37]（12.11）

齐景公问政于孔子，孔子对曰：“君君、臣臣、父父、子子。”公曰：“善哉！信如君不君，臣不臣、父不父、子不子，虽有粟，吾得而食诸？”

【注释】

君君：第一个君字为名，第二个君字为实。其余均同。

诸：第三人称代词。指粟。

【译文】

齐景公向孔子询问治理国家的问题。孔子回答说：“君主就要像个做君主的，臣子就要像个做臣子的，父亲就要像个做父亲的，儿子就要像个做儿子的。景公说“对呀！如果君主不像个做君主的，臣子不像个做臣子的，父亲不像个做父亲的，儿子不像个做儿子的，即使有粮食，我能吃得到吗？”

[10.38]（13.4）

樊迟请学稼，子曰：“吾不如老农。”请学为圃，曰：“吾不如老圃。”

樊迟出。子曰：“小人哉，樊须也！上好礼，则民莫敢不敬；上好义，则民莫敢不服；上好信，则民莫敢不用情。夫如是，则四方之民襁负其子而至矣，焉用稼？”

【注释】

圃：种植蔬菜、瓜果的园子。

情：感情，受感动从而服从领导，好好劳动。

襁负：用布包着婴孩背着。

【译文】

樊迟（须）向孔子请教如何种地，孔子说“这，我比不上老农。”樊迟又请教如何种菜，孔子说：“这，我比不上菜农。”

樊迟退了出来。孔子说：“樊迟真是个小人啊！有地位的人要是讲究礼仪，那么百姓就没有人敢不尊敬；有地位的人讲究道义，那么百姓就没有人敢不驯服；有地位的人讲求信用，那么百姓就会受感动，好好劳动。如果都这样的话，则天下百姓会背着孩子投奔你而来。这还用得着你去学习耕种庄稼吗？”

[10.39]（13.6）

子曰：“其身正，不令而行；其身不正，虽令不从。”

【译文】

孔子说：“当权者本身品德端正，即使不下命令，百姓也会执行；当权者本身行为不正，即使下命令，百姓也会不服从。”

[10.40]（13.7）

子曰：“鲁、卫之政，兄弟也。”

【译文】

孔子说："鲁国和卫国的政事，就像兄弟一样。"

[10.41]（13.8）

子谓卫公子荆："善居室。始有，曰：'苟合矣！'少有，曰：'苟完矣。'富有，曰：'苟美矣。'"

【注释】

卫公子荆：卫国大夫公子荆。

善居室：善于居家过日子。

苟（gǒu ）：随便、凑合。成语有：'一丝不苟'。

【译文】

孔子在提及卫国的公子荆时说："他善于治理家务，会过日子。当他开始有点财物时就说：'将就凑合够了。'当他财物稍微多一些时便说：'差不多完备了。'当财务富足时，就说：'差不多已经完美了。'"

[10.42]（13.10）

子曰："苟有用我者，期月而已可也，三年有成。"

【注释】

苟：连词。如果、假设。

期月：一周年。《尚书 · 尧典》：'期，三百有六旬有六日。'（即一年，三百六十六天。）

【译文】

孔子说："假如有人用我来治理国家，一年时间就差不多会有起色，经过三年便会有成效了。"

[10.43]（13.11）

子曰："'善人为邦百年，亦可以胜残去杀矣。'诚哉是言也！"

【注释】

为：治理。

残：凶暴，残忍。

诚：的确。

【译文】

孔子说："'善人治理国家一百年，就可以战胜残暴，免除杀戮了。'这句话说得的确正确啊！"

[10.44]（13.12）

子曰："如有王者，必世而后仁。"

【注释】

王：帝王，秦汉以后帝王改称皇帝。

世：父子相继为一世；一世：约数十年。

【译文】

孔子说："如果有一位圣明帝王兴起，也必须经过一生数十年的努力才能实现仁政。"

[10.45]（13.13）

子曰："苟正其身矣，于从政乎何有？不能正其身，如正人何？"

【注释】

苟：如果、假如。

何有：还有什么（困难）。

【译文】

孔子说："假如自己的品德端正了，那么处理政事还有什么困难？如果不能使自己的品德端正，那又怎么能去端正别人的品德呢？"

[10.46]（13.15）

定公问："一言而可以兴邦，有诸？"

孔子对曰："言不可以若是其几也，人之言曰：'为君难，为臣不易。'如知为君之难也，不几乎一言而兴邦乎！"

曰："一言而丧邦，有诸？"

孔子对曰："言不可以若是其几也，人之言曰：'予无乐乎为君。唯其言而莫予违也。'如其善而莫之违也，不亦善乎！如不善而莫之违也，不几乎一言而丧邦乎！"

【注释】

定公：名宋，鲁国国君。详见[10.65]注释

诸：相当于古汉语的'之乎'，乎是疑问语气词，与现在汉语中'吗'相当。

若：好像。

几：接近。

予：我，我的。

【译文】

鲁定公问："一句话可以使国家兴旺，有这样的话吗？"

孔子说："话不可以这么说，但是接近的话好像是有。有人说：'做国君难，做臣子也不容易。'如果知道做国君难呀，不就差不多可以说一句话可以使国家兴旺吗！"

定公又问："一句话可以使国家灭亡，有这样的话吗？"

孔子回答说："话不可以这么说，但是接近的话好像是有。有人说：'我做君主没有感到有什么快乐，只是有一点，就是我说什么都没有人敢违背我。'如果说的话正确而没有人敢违背，这当然很好啊！如果说的话不正确而又没有人敢违背，这不就差不多可以说是一句话可以使国家灭亡吗！"

[10.47]（13.16）

叶公问政。子曰："近者说，远者来。"

【注释】

叶公：见 [3.14][6.19] 注释。

【译文】

叶公问孔子怎么处理政事。孔子说："能使您近处的人感到高兴愉快，那么远处的人都会来投靠您。"

[10.48]（13.17）

子夏为莒父宰，问政。子曰："无欲速，无见小利。欲速则不达；见小利，则大事不成。"

【注释】

莒（jǔ）父：鲁国的一个城邑。今山东有莒县。

【译文】

子夏做了莒父的地方长官，他向孔子请教政事。孔子说："不要只图快，不要贪图小利。图快反而达不到目的；贪图小利，反而成不了大事。"

[10.49]（14.3）

子曰："邦有道，危言危行；邦无道，危行言孙。"

【注释】

危：正，端正。成语有'正襟危坐'。

孙：通'逊'。逊有多种意思，这里应为谦逊、恭顺之意。成语有'出言不逊'。

【译文】

孔子说："国家政治清明，就言语正直，行为正直；如国家政治昏暗，就行为正直，言语谨慎。"

[10.50]（14.5）

南宫适问于孔子曰："羿善射，奡荡舟，俱不得其死然。禹、稷躬稼而有天下。"夫子不答。

南宫适出，子曰："君子哉若人！尚德哉若人！"

【注释】

羿（yì）：古代传说中夏代有个穷国君主，善于射箭。

奡（ào）：古代传说中夏代寒浞的儿子，力气很大，能够在陆地行舟。

稷（jì）：传说周朝国君的祖先，教民种植庄稼，被尊为谷神。

【译文】

孔子学生南宫适（kuò）问老师："羿擅长射箭，奡擅长划舟水战，但都不得好死。禹和稷亲自下地种庄稼，它们都得到了天下。"孔子不回答。

等南宫适退出去后，孔子说："这个学生可是个君子呀！这个人确是个崇尚道德的人。"

[10.51]（14.8）

子曰："为命，裨谌草创之，世叔讨论之，行人子羽修饰之，东里子产润色之。"

【注释】

为命：制订命令。

裨谌（bì chén）、世叔、子羽、子产：均为郑国大夫。子产曾主持郑国政事，使郑国富强。

行人：官名，掌管朝觐聘问，春秋、战国时各国都有设置。

东里：地名，子产住地。

【译文】

孔子说："郑国制定国家政策法令，由裨谌起草，经过世叔提意见，然后由掌管朝觐聘问官员进行修改，最后再经子产进行文字润色才算完成。"

[10.52]（14.11）

子曰："孟公绰为赵、魏老则优，不可以为滕、薛大夫。"

【注释】

孟公绰：鲁国大夫。

赵、魏：晋国最有权势的大夫赵氏、魏氏，也称室老。

老：对公卿大夫的总称，此指赵、魏氏二位大夫的家臣。

优：富裕、充足。

滕、薛：鲁国附近的两个小国。

【译文】

孔子说："孟公绰如果让他当晋国大夫赵氏、魏氏的家臣，才智足足有余，但不能让他做滕国、薛国的大夫。"

[10.53]（14.14）

子曰："臧武仲以防求为后于鲁，虽曰不要君，吾不信也。"

【注释】

防：地名。臧武仲的封地。在今山东费县以北。

求为后于鲁：请求立他的子弟在鲁国作卿大夫。

要（yāo）：要挟，威胁。

【译文】

孔子说："臧武仲凭借着他的封地防城向鲁国国君请求立他的子弟为鲁国卿大夫，尽管有人说这不是要挟君主，但我是不相信的。"

[10.54]（14.18）

公叔文子之臣大夫僎，与文子同升诸公。子闻之，曰："可以为文矣！"

【注释】

僎（zún）：人名，原是公叔文子的家臣，由于公叔文子的推荐，升为卫国大夫，做了卫国的大臣。

【译文】

公叔文子的家臣大夫僎，由于公叔文子的推荐与文子一样升为卫国的大臣。孔子听后，说："公叔文子真可以谥号作'文'了。"

[10.55]（14.19）

子言卫灵公之无道也，康子曰："夫如是，奚而不丧？"孔子曰："仲叔圉治宾客，祝鮀治宗庙，王孙贾治军旅；夫如是，奚其丧？"

【注释】

卫灵公：卫国国君。

夫如是：象这样了。夫是句首语气词。

奚：为什么．

仲叔圉（yǔ）、祝鮀（tuó）、王孙贾：仲叔圉即孔文子，他们三人都是卫国大夫。

【译文】

孔子谈到卫灵公的昏庸无道，季康子问："既然都这样，为什么还没有败亡呢？"孔子说："他有仲叔圉接待宾客，祝鮀管理祭祀，王孙贾统领军队，像这样，他怎么会灭亡呢？"

[10.56]（14.21）

陈成子弑简公。孔子沐浴而朝，告于哀公曰："陈恒弑其君，请讨之。"

公曰："告夫三子！"

孔子曰："以吾从大夫之后，不敢不告也。君曰：'告夫三子'者！"

之三子告，不可。孔子曰："以吾从大夫之后，不敢不告也。"

【注释】

陈成子：齐国大夫陈恒。（历史上的'陈氏代齐'事件）

弑：子杀父，臣杀君为弑。

简公：齐国国君姜壬。

沐浴而朝：洗头洗澡（指斋戒）后上朝拜见。

哀公：鲁哀公。

夫三子：指鲁国最有权威的三家大夫季孙、叔孙、孟孙，史称三桓。他们主宰鲁国的政治，当时鲁哀公的大权早已旁落于他们。详见[10.65]注释。

【译文】

陈成子杀了齐简公。（年满七十岁的）孔子郑重沐浴斋戒后上朝廷朝见鲁哀公，告诉哀公："陈恒杀了他的君主，请您出兵讨伐。"哀公说："去向三位大夫报告吧！"

孔子退朝后说："因为我曾当过大夫，不敢不报告呀。君主却说：'去报告那三位大夫'吧！"

孔子又去报告了三位大夫，三位大夫都不同意出兵讨伐。孔子说："因为我曾当过大夫，不敢不报告呀。"

[10.57]（14.22）
子路问事君。子曰："勿欺也，而犯之。"

【注释】

犯：冒犯，此指规劝。

【译文】

子路问怎样侍奉君主。孔子说："不要欺骗他，但可以直言规劝他。"

[10.58]（14.41）
子曰："上好礼，则民易使也。"

【注释】

上好(hào)：在高位的人（官）喜爱，喜好。

【译文】

孔子说："在高位的人喜好并遵循礼法，那么老百姓就容易听话了。"

[10.59]（14.37）

子曰："贤者辟世，其次辟地，其次辟色，其次辟言。"

子曰："作者七人矣！"

【注释】

辟：躲开，避免。

作者：这样做的人。

【译文】

孔子说："贤人逃避恶浊现实社会而去隐居，次一等的换一个地方避开居住，再次一等的避开别人难看的脸色，再次一等的避开听人的恶言恶语。"

孔子说："这样做的人已经有七个了。"

[10.60]（15.5）

子曰："无为而治者，其舜也与！夫何为哉？恭己正南面而已矣。"

【注释】

无为而治：顺其自然，不必有所作为就能达到治理天下的目的。

南面：面朝南，古代以面朝南为尊位，君主临朝，朝南而坐。

【译文】

孔子说："能做到无为而治的，只有舜帝吧！他做了什么呢？它只需要恭敬、端正地坐在帝王座位上就行了。"

[10.61]（15.6）

子张问行。子曰："言忠信，行笃敬，虽蛮貊之邦，行矣；言不忠信，行不笃敬，虽州里，行乎哉？立，则见其参于前也；在舆，则见期倚于衡也。夫然后行！"子张书诸绅。

【注释】

笃敬：忠诚、厚道、严肃、慎重、尊敬、尊重。

蛮貊（mò）：古代南方少数民族（蛮）和东北少数民族（貊）。指荒蛮之地。

衡：通'横'，车辕前的横木。

诸绅：他的衣服带子上。绅：古代士大夫系的大带子。

【译文】

子张问怎样使自己的主张得以实行。孔子说："说话要讲忠诚重信用，行动既严肃又坚定。这样做即使在荒蛮之地，也行得通。如果不讲忠诚不重信用，行动既不严肃又不坚定，即使在本乡本土，怕也难行得通啊？站立时，就好像看见"忠信笃敬"几个字展现于眼前；在车上，几个字就呈现在车辕前的横木，你只有这样才能使你的主张得以实行！"子张将孔子的话写在自己衣服的带子上了。

[10.62]（15.33）

子曰："知及之，仁不能守之，虽得之，必失之。知及之，仁能守之，不庄以莅之，则民不敬。知及之，仁能守之，庄以莅之，动之不以礼，未善也。"

【注释】

知及之：凭知识智慧得到此（官职）。知：通'智'。及：到。

之：指示代词，这，此（官职）。

莅：临。从上监视着，统治。《老子》：'以道莅天下。'

【译文】

孔子说："凭聪明智慧谋得官位，但如果不用仁德去保持它，即使得到了，也必然会失去。凭聪明智慧谋得官位，能够保持住仁德，但不能以庄严认真的态度去管理百姓，就得不到百姓尊重。凭聪明智慧谋得官位，既能保持仁德，又能以庄严认真的态度去管理百姓，但不能用合乎礼制的方法去对待百姓，这还是不完美。"

[10.63]（16.1）

季氏将伐颛臾。冉有、季路见于孔子，曰："季氏将有事于颛臾。"

孔子曰："求！无乃尔是过与！夫颛臾，昔者先王以为东蒙主，且在邦域之中矣。是社稷之臣也，何以伐为？"

冉有曰："夫子欲之，吾二臣者皆不欲也。"

孔子曰："求！周任有言曰：'陈力就列，不能者止。'危而不持，颠而不扶，则将焉用彼相矣？且尔言过矣，虎兕出于柙，龟玉毁于椟中，是谁之过与！"

冉有曰："今夫颛臾，固而近于费。今不取，后世必为子孙忧。"

孔子曰："求！君子疾夫舍曰'欲之'而必为之辞。丘也闻有国有家者，不患寡而患不均，不患贫而患不安。盖均无贫，和无寡，安无倾。夫如是，故远人不服，则修文德以来之。既来之，则安之。今由与求也，相夫子，远人不服，而不能来也；邦分崩离析，而不能守也；而谋动干戈于邦内，吾恐季孙之忧，

不在颛臾，而在萧墙之内也。”

【注释】

颛臾（zhuān yú）：附属于鲁国的小国。相传是伏羲之后，风姓，在现山东省费县西北。

东蒙：即蒙山，在山东省蒙阴县南。

周任：古时有名的史官。

陈力就列：显示出才干可以就任职位。力：才干。列：职位，位次。

虎兕（sì）：猛兽。兕：独角犀牛。

柙（xiá）：圈猛兽的栅栏。

椟（dú）：匣子。

疾夫舍曰：厌恶有人自己打算做而又避而不谈真实目的。疾：憎恶。舍曰：避而不谈。

辞：托辞，借口。

远人：国外人。

萧墙：照壁。比喻内部。

【译文】

季孙氏将要兴兵攻打颛臾。季氏家臣冉有、季路拜见老师孔子说：“季氏将对颛臾采取军事行动。”孔子说：“求呀！这就是你的错误呀！那颛臾，是以前先王所封的东蒙主，再说他又在鲁国境内，是鲁国的臣属啊，为什么要讨伐他呢？”

冉有说：“我们主公打算这么做，我们二个做家臣的都不主张这样做。”

孔子说：“求呀！从前周任说过：‘显示出才干才能就任职位，没有能耐就得辞职。’危险时你不去扶助，跌倒了你不去搀扶，那么还要你们干什么呀！况且你们所说也不对呀！猛兽从笼子里出来了，贵重的物品毁在匣子里，这是谁的过错呀！”

冉有说："现在那个颛臾，城郭坚固，离季氏封地费又很近，现在不把它夺来，将来也是子孙的隐患。"孔子说："求呀！君子最讨厌那种人，他自己打算做，却又避而不谈他的真实目的，总要编个借口，想要做，总可以找到借口的。我听说，一个国家不怕财富少就怕分配不均匀，不怕穷就怕不安定。财富均了就无所谓贫，上下和谐就无所谓多少，上下相安无事，国家就不会倾覆。正因为如此，如国外的人不归顺，就整治礼乐仁义，用道德的力量招引他们。既然招他们来了，就让他们安定下来。现在你们两人，帮助季氏，国外人不归顺，无法招引他们来，国家分崩离析又不能防守，还想在国家内部动干戈，我担心季氏的忧虑并不在颛臾，而正在国君的庭院之内呀！"

[10.64]（16.2）

孔子曰："天下有道，则礼乐征伐自天子出；天下无道，则礼乐征伐自诸侯出；自诸侯出，盖十世希不失矣；自大夫出，五世希不失矣；陪臣执国命，三世希不失矣。天下有道，则政不在大夫。天下有道，则庶人不议。"

【注释】

陪臣：卿、大夫的家臣。

【译文】

孔子说："天下有秩序，那么一切礼乐征伐均由天子决定；天下混乱，礼乐征伐就由诸侯做主了。礼乐征伐如果由诸侯决定，大概能传到十代，很少还能再保持下去；假若礼乐征伐由大夫做主决定，最多传到五代，很少还能再保持下去；如果是大夫的家臣把持了国家的政权，那传到三代就很少还能继续下去的。天下有秩序，国家权力就不会由大夫把持。天下有秩序，百姓不会议论朝政。”

[10.65]（16.3）

孔子曰：“禄之去公室五世矣，政逮于大夫四世矣，故夫三桓之子孙微矣。”

【注释】

禄之去公室：用现在的话说，就是单位发不出工资了。禄：俸禄。

五世：指鲁宣公、成公、襄公、昭公、定公五代。定公之后就是鲁哀公，孔子就处在定公、哀公时代。鲁国由季氏掌握实权，国君没有实权，要办什么事必须征得季氏的同意。

四世：指季孙氏一家父子、武子、平子、恒子四代。

三桓：指季孙、叔孙、孟孙三家卿大夫，他们都是鲁桓公的后代，以季孙氏力量最大。

【译文】

孔子说：“国家的政权已从朝廷丧失，算下来有五代了，权利落到大夫手中，已经有四代了，所以桓公的三房子孙现在也衰微了。”

[10.66]（17.5）

公山弗扰以费畔，召，子欲往。

子路不说，曰：“未之也，已，何必公山氏之之也？”

子曰：“夫召我者，而岂徒哉？如有用我者，吾其为东周乎？”

【注释】

公山弗扰以费畔：公山弗扰即公山不狃（niǔ），季式的家臣。他伙同阳货在费邑反叛季式。畔：通‘叛’。

未之也：没有地方可去。未：没有、不。之：到……去。

已：完毕，停止。成语“鞠躬尽瘁，死而后已。”

何必公山氏之之也：即何必之公山氏也的倒装，前一个“之”为助词，后一个之字为动词，到……去。

【译文】

公山弗扰占据费邑为据点图谋叛乱，他叫孔子去，孔子也打算去。

子路不高兴，说：“没有地方可去，也就算了，何必要到公山氏那里去呢？”

孔子说：“那个召我去的人，难道会白白召我去吗？如果有人肯用我，我会把鲁国变成东周，把周王朝的礼乐制度复兴起来。”

[10.67]（17.7）

佛肸召，子欲往。

子路曰：“昔者由也闻诸夫子曰：‘亲于其身为不善者，君子不入也。’佛肸以中牟畔，子之往也，如之何？”

子曰：“然，有是言也。不曰坚乎，磨而不磷；不曰白乎，涅而不缁。吾岂匏瓜也哉？焉能系而不食！”

【注释】

佛肸（bi xī）：春秋末晋国范氏、中行氏大夫的家臣，晋国中牟邑宰。

磷（lin）：薄。

涅（niè）：一种矿物，古代用作黑色染料。做染黑解释。

缁（zī）：黑色。

匏（páo）瓜：瓢葫芦。不能吃，但能帮助游泳，当救生圈用。

【译文】

佛肸召孔子去，孔子想去。

子路说："以前我听老师多次说过'亲手做过坏事的人，君子是不去他那里的。'佛肸以中牟为据点谋反，您还要去，这是怎么回事。"

孔子说："是的，我是说过这样的话。但我不是也说过坚硬的东西，磨也磨不薄；白的东西，染也染不黑。我岂不成瓢葫芦了？光是挂起来而不让人食用吗！"

[10.68]（18.2）

柳下惠为士师，三黜。人曰："子未可以去乎？"曰："直道而事人，焉往而不三黜！枉道而事人，何必去父母之邦？"

【注释】

柳下惠：'柳下'是封地名，'惠'是谥号。姓展，名获，又名禽，鲁国的贤大夫。士师：主管刑罚的官名。

黜（chù）：贬退、废。

【译文】

柳下惠担任司法官，多次被免职。有人说："您不能走吗？"柳下惠说："坚持正道侍奉君主，到哪里去也免不了要遭到多次罢免呀！如果用歪道侍奉君主，又何必离开自己的国家呢？"

[10.69]（18.8）

逸民：伯夷、叔齐、虞仲、夷逸、朱张、柳下惠、少连。子曰："不降其志，不辱其身，伯夷、叔齐与？"谓："柳下惠、少连，降志辱身矣。言中伦，行中虑，其斯而已矣！”谓：“虞仲、夷逸，隐居放言，身中清，废中权。我则异于是，无可无不可。”

【注释】

逸民：隐逸的人士。下面列举了三类人物。其中伯夷、叔齐、柳下惠三人历史上有记载，其余几人历史上未见记载。

伯夷、叔齐：商朝末年孤竹国君的大儿子和二儿子，兄弟二人互让王位而双双逃奔周国。周武王伐纣时，二人曾拦住马头劝谏，武王不听，于是一同隐居在首阳山，“义不食周粟”而饿死。

中：符合。有成语：‘正中下怀’。

放言：把意见、言论搁放一边，不谈政事。放：搁。

废中权：罢官正符权变之意。权：权变灵活。

【译文】

隐逸的人士有：伯夷、叔齐、虞仲、夷逸、朱张、柳下惠、少连。孔子说“不改变自己的意志，不羞辱自己，这是伯夷、叔齐吧。”又说：“柳下惠、少连，降低了自己的意志，自身遭受羞辱，但他们言语合乎伦理，做事反复思考，合乎理智，也只能这样了。”还说：“虞仲、夷逸，隐居后不谈政事，保持自身清白，他们被罢免，正合他们灵活权变之意。我就与他们不同，不一定这样，也不一定就不这样。”

[10. 70]（18. 11）

周有八士：伯达、伯适、仲突、仲忽、叔夜、叔夏、季随、季騧。

【注释】

此八人事迹不详。

【译文】

周代有八个著名人物：伯达、伯适、仲突、仲忽、叔夜、叔夏、季随、季騧。

[10.71]（18.10）

周公谓鲁公曰："君子不施其亲，不使大臣怨乎不以。故旧无大故，则不弃也。无求备于一人。"

【注释】

施：给予恩惠。

【译文】

周公对鲁公说："君子不能特殊恩惠自己的亲属，不要让大臣抱怨自己没有被重用，老臣故友没有大的过失，就不要抛弃他们。不能对人求全责备。"

[10.72]（19.10）

子夏曰："君子信，而后劳其民，未信，则以为厉己也；信而后谏，未信，则以为谤己也。"

【注释】

谏：规劝君主、尊长或朋友，使之改正错误和过失。

【译文】

子夏说："君子要取得百姓的信任，才好去役使他们，如果在没有取得信任就去役使他们，他们会以为你是有意危害他们；君子对自己的上司、朋友必须取得他的信任后才能去规劝他，不然的话，他们会认为你在诽谤他。”

[10.73]（19.19）

孟氏使阳肤为士师，问于曾子，曾子曰：“上失其道，民散久矣！如得其情，则哀矜而勿喜！”

【注释】

孟氏：孟孙氏，鲁国的大夫。参见[10.65]注释。

阳肤：曾子的弟子。

士师：司法官。

【译文】

孟孙氏派遣阳肤做司法官，阳肤问曾子该怎么办，曾子说：“现在当政者不正派，民心早已散了！如果在下面了解到一些真实情况，你应该多同情、怜悯他们，千万不要以自己明察而自喜！”

[10.74]（19.20）

子贡曰：“纣之不善，不如是之甚也。是以君子恶居下流，天下之恶皆归焉。”

【注释】

下流：下游，地势低下之处。比喻做坏事的人，成了众恶所归的地位。

【译文】

子贡说：“殷纣王的无道，并不像传说中的那样坏吧。因为君子最讨厌自己身有污行，一旦沾有污行，天下的种种恶名都要集中到他身上去了。”

[10. 75]（19.21）

子贡曰：“君子之过也，如日月之食焉：过也，人皆见之；更也，人皆仰之。”

【注释】

食：通‘蚀’。日月之食即日蚀、月蚀。

【译文】

子贡说：“君子的错误，就像日蚀月蚀一样：他犯错误时，人人都看得见；他改正了错误，人人都敬仰他。”

[10.76]（20.1）

尧曰：“咨！尔舜！天之历数在尔躬，允执其中。四海困穷，天禄永终。” 舜亦以命禹。

曰：“予小子履，敢用玄牡，敢昭告于皇皇后帝：有罪不敢赦。帝臣不蔽，简在帝心。朕躬有罪，无以万方；万方有罪，罪在朕躬。”

周有大赉，善人是富。“虽有周亲，不如仁人。百姓有过，在予一人。”

谨权量，审法度，修废官，四方之政行焉。兴灭国，继绝世，举逸民，天下之民归心焉。

所重：民、食、丧、祭。

宽则得众，信则民任焉。敏则有功，公则说。

【注释】

咨：语气词。就是指舜。

天之历数：指帝王相继的次序。

允执其中：你要诚实地执行治国方略。允：诚实。执：掌握，实行。

予小子履：商汤王履的自谦语。履：商汤的名。

玄牡：黑色的雄兽。牡：雄性兽（公牛等）

皇皇后帝：苍天，或天帝。

简：竹简，法典等就写在竹简上。

赉（lài）：赏赐。

权量：度量衡标准。权：称量：量器，度量衡的规定。

兴灭国：恢复已经灭亡的国家。

继绝世：使已经绝世的世族得以承袭。

举逸民：选拔一批避世隐居不做官的人才。

说（yuè）：通‘悦’，高兴。

【译文】

尧对舜说："唔！你这个舜，上天安排的帝王次序，轮到你了。你要好好地诚实地执行治国方略。如果天下百姓都陷入贫困，上天赐给你的禄位也就结束了。"舜也是用这样的话告诫禹帝的。

商汤王说："我小子履斗胆用公牛作祭品，公开地禀告苍天：有罪之人我决不敢赦免，我决不包庇帝臣们的错误，法典就在心里。如果我本人有罪，不要牵连天下万方；如果天下万方有罪，由我一人承担。"

周朝赏赐天下，好人勤劳的人都富起来。周武王说："即使有近亲，也不如有仁德的人。百姓如果有错，全由我一人承担。"

孔子说："谨慎地审查度量衡，审订各种法制，恢复废弃了的官职，国家的政令就可以畅通了。复兴被灭亡的诸侯国，承续已经断绝的世族，提拔过去避世隐居的人才，天下百姓就会诚服。”

“当权者要重视的是：百姓、粮食、丧葬、祭礼。”

“当权者的宽容就会得到百姓的拥护，诚实讲信用就会得到百姓的信任，努力勤奋就会有功绩，公正无私百姓就会高兴。”

[10.77]（20.2）

子张问于孔子曰：“何如斯可以从政矣？”子曰：“尊五美，屏四恶，斯可以从政矣。”

子张曰：“何谓五美？”子曰：“君子惠而不费；劳而不怨；欲而不贪；泰而不骄；威而不猛。”

子张曰：“何谓惠而不费？”子曰：“因民之所利而利之，斯不亦惠而不费乎！择可劳而劳之，又谁怨？欲仁而得仁，又焉贪！君子无众寡，无小大，无敢慢，斯不亦泰而不骄乎！君子正其衣冠，尊其瞻视，俨然人望而畏之，斯不亦威而不猛乎！”

子张曰：“何谓四恶？”子曰：“不教而杀谓之虐；不戒视成谓之暴；慢令致期谓之贼；犹之与人也，出纳之吝谓之有司。”

【注释】

屏（bǐng）：除去，排除。

戒：告诫，警告。

出纳：出与收。

有司：原意是主管某部门的官吏，此处应为吝啬。

【译文】

子张问孔子：“怎样就可以从政？”孔子说：“尊重五种美德，除去四种恶习就可以从政了。”

子张又问："什么是五种美德？"孔子说："君子给百姓好处，但自己不耗费；积极做事没有怨恨；有正当要求但不贪婪钱财；泰然自若但不骄横；威严庄重却不蛮横。"

子张进一步问："给百姓好处又不耗费怎么讲呢？"孔子解释道："只要让百姓做对自己有好处的事，百姓得了好处而你也就不必耗费了！选择百姓可以干能得好处的事去干，百姓怎么会怨恨你呢！自己追求仁德得到了仁德，你还贪图别的干什么呢！君子不管人多人少，势力是大还是小，都是泰然自若又不怠慢，这不就是泰而不骄了吗！君子衣冠整整齐齐，目不邪视，态度庄重，使人看见就产生敬畏，这不就不凶猛了吗！"

子张还问："四种恶政又是什么？"孔子说："不进行教育就加以杀戮，叫做虐；事先要求不严但事后苛求完美，叫做暴；开始松懈后来突然限期完成，叫做贼；要给人家，又舍不得，叫做吝啬鬼。"